# The Red Pony & Other Stories

Annotated with Critical Introduction
by
Hanyong Choe

Shinasa

# CONTENTS

## CRITICAL INTRODUCTION



## TEXT



## ESSAYS IN CRITICISM

# CRITICAL INTRODUCTION

# I. 작가와 사상

스타인벡(John Ernest Steinbeck, 1902-1968)은 1962 노벨 문학상 수락 연설에서 자신의 작가관을 명확히 밝힌 바 있다. 작가가 우선적으로 갖추어야 할 요건 중에서도 특히 "높은 책임과 의무"를 강조했던 연설 내용은 투철한 그의 작가 정신을 웅변해 주고 있다. 그는 지적인 소수 엘리뜨에 의해, 또 그 엘리뜨만을 위해 문학이 존재해서는 안 된다는 점을 역설했다. 문학 작품이란 인간적 고뇌를 깊이 이해할 수 있는 인간애에 바탕을 두고 이를 실천하고자 노력하는 작가에 의해 창조되어야 하는 것으로 그는 확신하고 있었다. 또한 그는 인간의 요구 충족에서 생겨난 문학의 본질이 변화될 수 없는 것처럼 작가의 임무 또한 불변한 것으로 간주한다.

고대로부터 내려오는 작가의 사명이란 스타인벡에게 인간의 어두운 면, 위험한 꿈, 그리고 인간이 저질렀던 많은 잘못과 실패를 저인망으로 끌어올리듯 노출시키되, 그 부정적인 것들에 대한 개선의 목표를 지녀야 하는 것을 의미한다. 이러한 소임 이외에도 그는 "위대한 마음과 정신"을 발휘할 수 있는 인간의 입증된 능력을 천명하고 찬양하는 일이야말로 작가의 의무라 주장한다. 나약함이나 절망에 맞서 끝없이 투쟁할 때, 그리고 패배 속에서도 늠름한 기상, 용기, 자비, 그리고 사랑 등을 잃지 않을 때 그와 같은 인간의 고귀한 특성들이 우리에게 "희망과 경쟁의 깃발"일 수 있다고 말한다. 따라서 인간의 "완전성"을 믿지 않는 작가는 문학에 공헌하기는커녕 문학인이 될 수도 없다는 것이다.

스타인벡을 20세기 미국 최고의 작가 가운데 한 사람으로 만든 배경에는 이러한 그의 확고한 작가관 이외에도, 어린 시절부터 독서에 탐닉할 수 있었던 가정 분위기와 아름답고 광활한 캘리포니아의 고향 풍경이 있었다. 그러나 그러한 배경보다 더 중요한 요인은 환경의 아름다움을 자신의 독창적인 소설 기법을 통해서 작품화한 그의 탁월한 작가적 재능일 것이다. 스타인벡 학회의 창립자이자 그의 연구가인 테츠마로 하야시(Tetsumaro Hayashi)도 작가로서의 그의 능력을 높이 평가한다. 하야시 교수는 스타인벡 문학의 본질을 첫째, 완벽한 작가적 역량, 둘째, 선 대 악이나 인간의 자유 의지 대 운명 등과 같은 심오한 주제나 갈등을 다룸으로써 대중에게 호소력을 지닌 문학, 셋째, 유머와 인정을 바탕으로 인간의 본성을 이해하려는 작가적 태도, 넷째, 독창적이고 매혹적인 다양한 모형적 인물의 창조, 그리고 마지막으로 대표적인 미국의 해설자이자 대중철학자로서의 문학 노선을 아우르는 것에서 찾고 있다.

스타인벡에게 창작의 소재는 무한한 것으로, 그는 가장 비문학적인 요소도 문학적 여과 장치에 흡수, 수렴하여 문학적 가치의 보고로 변용시키고 있다. 그가 생물학적 실험과 관찰이라는 자연 과학 분야의 연구를 그의 문학 이념의 터전으로 삼았던 것은 이와 같은 사실을 뒷받침하며, 그의 작품의 특징이기도 하다. 그는 스탠포드 재학 시절의 급우 토비 스트릿(Toby Street), 출판업자 패스칼 코비시(Pascal Covici), 신화학의 권위자 조셉 캠벨(Joseph Cambell), 그리고 해양생물학자 에드워드 리켓츠(Edward Ricketts) 등 많은 사람들과 깊은 우정을 나누었다. 그 중에서도 그의 사상과 문학에 가장 지대한 영향을 준 사람은 리켓츠이다. 생물학에 대한 리켓츠의 접근 방법은 과학적이면서도 매우 철학적이었다. 1930년 그와의 교분을 계기로 스타인벡은 생물학에 깊은 관심을 갖게 되었고, 그의 문학 세계나 인간관도 생물학에 토대를 두는 양상을 보인다. 그는 생물학 연구에서 발견했던 예술적 모티프를 1933년 6월에 그의 친구 칼톤 쉐필드(Carlton Sheffield)에게, 그리고 그 얼마 후 조지 앨비(George Albee)에게 보낸 두 편지에서 명확히 표현하고 있다.

3년에 걸친 과학적 관찰의 결과를 철학의 방향으로 전환시켜 이를 충실하게 전달하기 위한 방법으로, 그는 그 나름대로의 독특한 상징의 기법을 창출하려고 노력하였다. 이 관찰과 실험들은 주로 산호충의 연구로부터 생겨났다. 산호충이 수 천 억의 다른 산호충과 작용하여 이상하고 아름다운 식물의 형태를 형성하게 되고, 시간이 지나면서 무수히 많은 그 식물의 형태가 산호초를 창조해 내는 모습에서 그는 새로운 철학관을 얻게 된다. 실비아 쿡(Sylvia Jenkins Cook)이 지적한 대로 이러한 생물학적 또는 생태학적 실험과 관찰의 결과로부터 그는 비목적론적 사고, 생물과 환경의 통합 내지는 상호 의존, 그리고 군집 이론 등의 세 가지 개념을 발전시켰다.

이 세 가지 개념은 스타인벡의 문학을 이해하는 중요한 실마리가 된다. 그를 미국 최고의 인본주의 작가로 천명하는 데에는 다른 견해가 있을 수 없다. 그의 휴머니즘 또한 생물학적 연구로부터 비롯된 이러한 개념과 밀접한 연관을 지니고 있음은 흥미로운 사실이다. 먼저 비목적론 개념은 「코테스 바다의 항해 일지」(1941)에서 밝히고 있는 바, 존재사고("is" thinking)를 통해서 생겨난 것으로 다윈의 자연 도태와 관련되어 있다. 이는 근원, 깊이, 그리고 명확성을 의미하며 전통적 또는 개인적 투영을 초월하여 사물을 보는 것이다. 그러므로 모든 사건을 원인에 대한 결과라기보다 자연 발생적 산물, 또는 있는 그대로의 표현으로 간주한다. 비목적론적 사고방식의 주된 관심은 어떤 존재의 가변성이나 당위성이 아니라 실재적 존재, 바로 그 자체이다. 따라서 "왜"라는 물음 대신 "무엇을" 또는 "어떻게"라는 문제에 답을 주려고 시도한다. 여기에서 스타인벡은 인간의 실존에 눈을 뜸으로써 휴머니즘의 발아를 보게 된다. 비록 관심의 범위가 실존적 존재의 영역에만 국한되어 있을 뿐, 존재의 당위성 내지 존엄성에는 미치지 못할지라도 이는 그의 인본주의의 출발점이라 할 수 있다.

두 번째 생물학적 주제인 생물과 환경의 일체감은 그의 초기 소설에서 두드러진 자연 세계에 대한 인간의 본능적 숭배에서 찾아 볼 수 있다. 그러나 이러한 자연 숭배가 농경 생활의 부패, 기계화, 산업화 그리고 토지의 약탈 등과 같은 당면한 사회적 관계와 직면할 때 정치적 또는 종교적 반응을 불러일으키는 것을 보게 된다. 두 번째 단계에서 그의 휴머니즘은 전 단계보다 한 걸음 발전한 양상을 보인다. 생물과 환경의 일체감으로 존재의 확대를 꾀하며, 아울러 존재를 위협하는 요소에 대한 대응 자세도 순응 일변도에서 대결 태도로 바뀐다.

마지막으로 군집 개념은 스타인벡의 문학을 다른 작가의 작품과 구분시켜 주는 결정적 요인이 된다. 군집 개념은 집단 유기체의 속성이나, 집단 유기체와 그 집단 구성원으로서의 개인 단위 사이에 나타나는 속성과 관련되어 있다. 스타인벡을 매혹시킨 것은 군집이 그 군집을 형성하고 있는 인간들이 지닌 것과는 완전히 다른 영혼, 추진력, 의도, 목적, 방법, 반응 그리고 일련의 향성(tropisms)

을 갖게 되는 현상이었다. 그에 따르면 군집은 그 나름대로의 기억과 개개의 인간이 지닐 수 없는 감정을 지니고 있다. 파괴, 전쟁, 이주, 증오 등의 감정이나 종교까지도 이의 일종이다. 이 군집 개념은 작가가 생물학적 연구로부터 얻어 낸 가장 값진 삶의 진실이자 창작의 주요 모티프였다. 얼핏 보아 인본주의와 상충되는 모습을 지닌 군집 개념은 스타인벡이 추구했던 휴머니즘의 완성을 실현시켜 준다. 성숙된 군집 개념은 성숙된 단위 인간의 존재를 선행 조건으로 삼는다. 그의 인간에 대한 깊은 통찰은 개인에 대한 절대적 신뢰와 애정의 바탕 위에 단위 인간을 원소로 형성된 군집 그 자체가 유기체로서의 또 하나의 독립된 속성을 지닐 수 있음을 그에게 깨우쳐 주었다. 군집이 지니는 생명력의 발견은 단위 인간으로서의 개인에 대한 깊은 이해가 바탕에 자리잡지 않고서는 불가능하다.

스타인벡은 인간에 대한 무한한 신뢰와 애정을 지니고 있다. 서구의 전통적인 기독교 윤리에서는 인간이란 아담의 자손이기 때문에 원죄를 지닌 존재이며, 카인의 후예이기 때문에 악의 소양이 한층 우세한 것으로 이야기한다. 인간의 본질을 극복하지 않으면 안 될 악의 속성으로 규명한 기독교 윤리관에 맞서, 그는 인간을 거미줄처럼 옭아 죄는 악마저도 경우에 따라 인간을 한층 위대하게 고양시켜 주는 하나의 요소로 간주한다. 그는 인간을 우주 내의 어떠한 유기물이나 무기물과도 구분되는 만물의 영장으로 확신한다. 인간에게는 끊임없는 창조와 성취를 통해 성장하는 힘이 있다. 그러므로 인간에게 숙명 지어진 죄악의 질곡도 스스로 벗어 내던져 자유로워짐으로써 인간이 위대해질 수 있다고 생각한다. 그는 심지어 사회를 혼란시키는 인간의 부정적 요인까지도 "인간이 살아 있음"을 반증하는 징후로 해석하고 싶어 한다. 따라서 그에게는 어떤 경우에도 인간에 대한 절망이 없다. 한 시대의 가치 규범이 무너져도, 심각한 경제 위기가 닥쳐와도, 또는 신봉했던 진리 체계가 와해되어 뭇 인간들이 혼란 속에서 절망의 소리가 드높을 때에도, 그는 이러한 현상들을 일시적이거나 삼성적인 후퇴로만 생각할 뿐이다.

한편 그는 개체가 모여 변증법적 발전의 에너지를 발산하는 군집의 형태가 아닌, 인간 개개인이 지니는 자유와 독창성을 저해하는 조직적인 어떠한 외적 요인에 대해서도 크게 반발했다. 비대한 조직적 집단이 개인의 자유와 창조 정신을 위축시키는 것은 인간의 영광을 말살시키는 것으로, 그것은 곧 인류의 파멸을 의미하는 것이기 때문이다. 그리고 그는 시대가 흐름에 따라 개인이 군중 속에 함몰되어 버림으로써 인간의 위대함을 점차로 상실해 가는 현실을 매우 안타깝게 지적했다. 인간에 대한 신뢰와 사랑, 이것이 그의 인간관이자 또 그를 비범한 인본주의 작가로 우뚝 서게 하는 요인이라 할 수 있다. 특히 그는 독창성이나 탐구심을 지닌 인간 정신의 가치를 신봉한 작가였다.

## II. 스타인벡의 단편소설

오늘날 대부분의 독자들은 말할 것도 없이 심지어 스타인벡을 연구하는 일부 영문학도들까지도 그를 『분노의 포도』(*The Grapes of Wrath*), 『에덴의 동쪽』(*East of Eden*), 그리고 『불만의 겨울』(*The Winter of Our Discontent*) 등과 같은 장편소설만을 쓴 노벨상 수상작가로서 기억하고 있다. 그러나 그의 작가적 역량은 장편 못지않게 단편에서 더욱 발휘되고 있다. 그의 단편을 주의 깊게 살펴보면, 메리 로버거(Mary Rohrberger) 가 "소설가로서 유능한 반면 단편소설 작가로서 그(스타인벡)는 뛰어나다"라고 한 말이 과장된 표현만이 아님을 공감할 것이다. 단편소설가로서의 스타인벡을 높이 평가한 이는 로버거 뿐만 아니다. 조셉 와렌 비치(Joseph Warren Beach)도 스타인벡의 단편에 나타난 예술적 기교를 체호프의 업적과 비교하며, 특히 "국화"("The Chrysanthemums")의 주인공, 엘리사 앨렌(Elisa Allen)을 "지금까지 삶으로부터 소설의 인물로 변형된 가장 매력적인 인물의 하나"라고 극찬하고 있다. 앙드레 지이드(Andre' Gide) 또한 "국화"가 체호프의 가장 좋은 단편소설을 닮았다고 찬양한 바 있다. 이러한 비평가들의 찬양을 감안하지 않더라도 『붉은 망아지』(*The Red Pony*)나 『긴 계곡』(*The Long Valley*)에 수록되어 있는 단편들을 유심히 살펴보면 단편소설가로서 스타인벡의 업적이 오히려 과소평가되어 있음을 부인할 수 없다. 이는 그가 오 헨리 추도상(O. Henry Memorial Award)을 네 번이나 수상했던 사실에서도 입증되고 있다.

스타인벡의 단편이 과소평가 되어 온 이유로 우선 그의 유명한 장편의 명성에 가려 단편소설에 대한 평가가 제대로 이루어지지 못했던 점을 들 수 있다. 또한 그의 대부분의 단편들이 유명세를 얻기 이전에 완성된 사실도 하나의 요인으로 꼽을만 하다. 특히 그의 단편들을 출판하는 과정에서 그가 겪었던 어려움 또한 선입견으로 작용했을 가능성을 배제할 수 없다.

스타인벡에게 단편소설은 작가적 역량을 드러내 보이기에 적당한 분야였다. 무엇보다 단편의 형식이 장편보다 그에게 호소력이 있었다. 그는 「미지의 신에게」를 끝낼 무렵 맥인토쉬(Mavis McIntosh)에게 "나는 항상 단편을 쓰려고 하는데, 단편들은 반드시 장편으로 변형될 수 있다고 생각한다."고 말한 바 있다. 예를 들면, "습격"("The Raid", 1934)은 『의심스러운 싸움』(*In Dubious Battle*, 1936)에, "호간 씨가 어떻게 은행을 털었는가"("How Mr. Hogan Robbed a Bank," 1956)는 『불만의 겨울』(*Winter of Our Discontent*, 1961)에 영감을 주었고, "뱀"("The Snake," 1935)은 『통조림 공장 마을』(*The Cannery Row*, 1945)이나 『감미로운 목요일』(*Sweet Thursday*, 1954)의 초석이었다.

스타인벡은 작가 활동을 하는 동안 간헐적으로 단편을 썼다. 장편소설가로 명성을 얻은 후에도 단편을 버리지 않았다. 사실 10여 편의 단편들은 1930년대 유명한 장편들을 출간한 후에 쓰였으며, 평생 동안 그는 50편 이상의 단편을 남겼다. 30편 가까운 장편소설, 논픽션, 그리고 극작품 출간을 감안하면 단편은 그다지 많게 보이지 않지만, 현대 영미 작가들을 통틀어서 스타인벡보다 많은 단편을 남긴 작가들은 그리 많지 않다. 로렌스(D. H. Lawrence)가 스타인벡과 비슷하고, 맨스필드(Katherine Mansfield), 포크너(William Faulkner), 헤밍웨이(Ernest Hemingway), 피츠제럴드(F. Scott Fitzgerald), 그리고 오 핸리(O. Henry) 등 일부 작가들이 있을 뿐이다.

단편소설을 살펴보면, 스타인벡은 자연주의 작가의 범주에 가장 자주 편입되지만, 때로는 지방주의 작가로, 가끔은 프롤레타리아 작가 또는 사회주의 작가로 분류되기도 한다. 그는 그의 기교 때문에, 특히 구어체나 대화체로 인하여 그리고 앤더슨처럼 인물들의 심리학적 탐사로 인하여 현대 작가로 간주된다. 어떤 점에서 시대를 앞서갔지만 스타인벡은 단편소설 형식 자체의 혁신자는 아니었다. 그가 다양한 형식을 실험하였지만 앤더슨과는 달리 단편소설의 발전에 지대한 영향을 주지는 않았다. 그의 단편소설의 독특함은 장소에 대한 정신, 흙냄새 물씬 풍기는 단순한 인물들이며, 종종 인간 상황의 폐부에 감명을 주는 신랄한 주제 등에서 두드러진다.

스타인벡의 단편소설을 아마 가장 쉽게 구별해 내는 특징이라면 역시 배경을 이루는 "스타인벡의 고향"(Steinbeck Country)일 것이다. 캘리포니아 몬테레이(Monterey) 군 주위의 지역으로, 샐리너스(Salinas)와 농경의 긴 계곡, 몬테레이 만의 남쪽 부분, 캐스트로빌(Castroville)에서 카멜(Carmel)에 이르는 마을들과 산 속이나 계곡의 외딴 목장이며 태평양 연안 등이다. 이 스타인벡 고향이라는 배경은 1930년대 스타인벡의 거의 모든 소설에서 발견된다. 반면에 이보다 초기의 작품이나 후기의 작품에서는 그 배경이 뉴욕, 멕시코, 런던, 파리 등으로 확대되는데, 이는 스타인벡의 많은 여행 경험을 반영한 것으로 보인다.

스타인벡의 단편소설에 등장하는 인물들은 일반적으로 향토색 짙은 단순한 사람들이지만 대단히 복잡한 인간의 문제들을 안고 있다. 스탠리 영(Stanley Young)은 모든 측면의 경험에서 인간의 감수성과 사랑을 찬양하고 있다. 반면에 에드먼드 윌슨은 스타인벡의 인물들을 인간의 상황이라기보다 동물의 상황에서 생각할 수 있고 제시되는 "발육 부진의" 미숙아들이라 부른다. 스타인벡의 소설에서 여인들은 전형적으로 주부, 교사, 때로는 매춘부들이다. 이 여성들이 비록 자신의 재정적 능력은 없을지라도 종종 위기의 순간에 나타나는 숨겨진 힘을 소유하고 있다. 남성 인물들은 목장 주인, 농부, 노동자, 가게 주인, 향수병을 앓는 노인, "성인"을 추구하는 사춘기 소년 등이다. "국화"의 엘리사 앨렌과 「붉은 망아지」의 네 단편의 조디 티플린(Jody Tiflin)이 각각 스타인벡의 가장 섬세하게 묘사된 여성 인물과 남성 인물의 표본이다.

스타인벡이 그의 단편에서 사용했던 총체적 양식을 설명하는 가장 좋은 단어는 다양성이다. 그는 짧은 묘사, 비유, 동물의 우화, 이니시에이션 스토리, 그리고 동화나 과학소설에도 잠깐 손을 댔다. 다양성은 또한 그의 많은 주제를 설명해 준다. 1930년대 그의 장편에서는 프롤레타리아의 주제가 으뜸인 반면에, 같은 시대의 단편에서는 개개인 인간들의 문제에 초점을 맞추었다. 그의 단편에서 보편적 주제는 외로움, 고립, 단절된 의사소통, 혹은 성적 억압 등에서 생긴 욕구 좌절, 그리고 이 욕구 좌절은 가끔 폭력으로 연결된다. 1930년대 이야기에서 사회적 체면이 자주 나타나는 주제인 반면, 1940년대와 1950년대에는 이혼과 핵 문제와 같은 시사적인 주제들을 다루고 있다.

## III. 작품 해설

여기 수록된 아홉 편의 단편들은 모두 스타인벡의 단편집, 『긴 계곡』(*The Long Valley*, 1938)에 수록되어 있다. 물론 여기서 "긴 계곡"은 샐리나스 계곡을 언급하는 것이지만, 이 단편집에 실린 모든 작품의 배경이 "국화"와 "하얀 메추라기"의 그것처럼 샐리나스 계곡은 아니다. "도주"와 "뱀"의 배경은 각각 빅서(Big Sur)의 바로 북부 태평양 연안과 몬테레이(Monterey)의 통조림 공장 마을이다. 『붉은 망아지』의 스토리들은 산타 루시아(Santa Lucia) 산맥 근처에서 일어난다. 그 밖의 다른 작품들의 배경은 이 계곡과 너무 동떨어진 경우도 있다. 이렇게 볼 때, "긴 계곡"이라는 타이틀은 이 단편집에 수록된 대부분의 작품들과는 어울리지 않는다. 그렇지만 어려운 출판사를 구하기 위한 방편에서 출판업자, 코비시(Covici)의 갑작스런 요청으로 이 단편집을 출간하게 되었다는 사실은 이 작품의 출간 배경, 즉 어울리지 않는 제목의 원인을 설명하는 요인이 될 듯하다.

『붉은 망아지』는 네 단편, 즉 "선물"("The Gift", 1933), "대산맥" ("The Great Mountains," 1933), "약속,"("The Promise", 1937), 그리고 "민중의 지도자"

("The Leader of the People", 1936)로 이루어져 있는데, 이 작품들을 쓸 때의 스타인벡은 사랑하는 사람의 죽음에 대비하고 있었다. 1933년 여름, 작가의 모친인 올리브 헤밀톤(Olive Hamilton) 스타인벡이 갑작스럽게 죽음에 직면하게 된 것이다. 이러한 사실은 조지 엘비(George Albee)에게 보낸 그의 편지에 잘 나타나 있다: "나의 모친께서 지금 마비 상태여서 아마 1년이나 버티실 것인지 알 수 없다는 말을 당신에게 하였는지 모르겠어요. 괴로운 시간이 지속되고 있소 . . . 나는 푸른 안개가 너무도 짙게 끝없이 펼쳐져 있어서 출구를 발견할 수 없는 상황과 싸워야만 하오." 뿐만 아니라, 이 작품이 죽음의 주제와, 따라서 성장의 주제와 관련되어 있음을 작가는 "나의 단편 소설들"("My Short Novels")에서 밝힌 바 있다.

> 『붉은 망아지』는 오래 전에 쓰여 졌어요. 우리 가정이 황폐해 있던 때였지요. 최초의 죽음이 발생했어요. 그리고 모든 어린이들이 불멸하리라 믿고 있는 가족이 산산조각이 났어요. 아마 이것이 어떤 남녀를 막론하고 최초의 성년이겠지요. 최초의 고통스러운 질문인 "왜?" 그리고 죽음의 수용, 그 후 어린이는 어른이 되지요. 『붉은 망아지』는 이러한 상실과 수용과 성장을 기술하려는 하나의 시도였고, 말하기에 따라서는 하나의 경험이랄 수도 있어요.

사실 죽음이란 출생과 더불어 인간이 성장하면서 인식하게 되는 가장 중요한 인생의 문제이다. 그러나 이 두 가지는 경험이면서 동시에 직접 체험을 인식하지 못하는 이상한 경험이다. 죽음에 앞서 출생의 비밀에 대한 관심이 커가면서 성에 눈을 뜨게 되는 것이 자연스러운 성장 과정이다. "선물," "대산맥," "약속," 그리고 "민중의 지도자"는 모두 죽음의 주제와 밀접하게 관련되어 있으며, 그밖에도 책임감, 생의 신비, 과거의 역사 등과 관련된 조디의 성장이 주조를 이루고 있다. 이러한 의미에서 네 단편은 "한 소년이 경험을 통해서 자신이 원하는 대로 세계를 보는 것이 아니라 있는 그대로의 세계를 보게 되며, 이기적인 무지에서 자비로운 깨달음으로의 성장"을 다루고 있다. 바꾸어 말하면, 조디(Jody)라는 자서전적인 프로타고니스트가 성장으로 향하는 과정을 연대기적으로 묘사하고 있다고 할 수 있다.

첫 소설 "선물"에서 조디는 어느 날 아버지로부터 붉은 망아지 한 마리를 선물로 받는다. 이 때 이미 그는 "대기에서는 불확실성, 즉 변화와 상실의 감정, 그리고 새롭고 낯선 것을 얻는 느낌"을 감지한다. 망아지를 기르며 훈련시키는 동안 조디는 책임감을 갖게 되고 다른 아이들의 선망의 대상이 된다. 그러나 그 망아지가 비를 맞고 병이 나 죽음에 이르는 과정에서 죽음의 고통이 얼마나 큰 것인지 경험한다. 특히 자신이 가장 소중하게 여기고 존재의 의미가 되는, 사랑하는 것과의 이별은 견디기 어려운 고통이다. 이별의 아픔을 겪은 조디는 한층 성숙한 상태로 발전한다. 그렇다고 해서 붉은 망아지의 죽음을 리스카(Peter Lisca)처럼 "조디의 소년기가 사라졌음을 상징"하는 것으로 해석하는 것은 지나친 감이 없지 않다. 연이은 소설뿐만 아니라 마지막 작품인 "민중의 지도자"에서도 여전히 "어린 아이"로 등장하기 때문이다.

두 번째 소설인 "대산맥"에서는, 어느 날 지타노(Gitano)라 불리는 늙은 멕시코인이 목장에 찾아든다. 그는 조디네 집을 찾아와 자신의 아버지가 살았던 고향이라며 그 자신이 태어난 그 곳에서 죽기 위해 왔다고 말한다. 그러나 칼 티플린(Carl Tiflin)은 그 노인이 목장에 머무는 것을 원치 않는다. 결국 지타노는 말이 쓸모 없게 되어 총으로 사살하려고 생각하는 이스터(Easter)라는 늙은 말을 타고 산 너머로 사라져 버린다. 그러나 그 노인이 떠나기 전에 그 노인은 조디와 이야기하는 과정에서 자신의 아버지로부터 물려받았다는 아름다운 스페인의 단도를 보여준다. 그 노인이 떠난 후, 조디는 "그 칼과 지타노, 그리고 대산맥을 생각하며, 어떠한 그리움에 휩싸인다. 너무나 그 그리움이 강렬하여 가슴에서 몰아내기 위해 울고 싶어 한다. . . 그리고 그는 형언할 수 없는 슬픔에 잠긴다." 여기에서 조디가 이름 모를 슬픔에 잠기는 것은 죽음과 미지의 세계를 인식하고 있음을 드러낸 것으로 보인다.

세 번째 소설인 "약속"에서 조디는 암말 넬리(Nellie)를 교미시키는 일에서 시작하여, 잘 길러서 새끼를 얻으면 그 새끼를 주겠다는 약속을 아버지에게서 받고 최선을 다해서 넬리를 돌본다. 그러나 넬리는 순조로운 출산을 못하고 결국 송아지를 구하기 위해 넬리를 죽이지 않을 수 없는 상황이 전개된다. 새로운 생명을 얻기 위해서 하나의 생명이 희생되어야 한다는 교훈을 얻는다. 끝부분에서 조디는 "목구멍에서부터 뱃속까지 쓰려온다. 그는 망아지 때문에 기뻐하려고 노력하지만, 빌리벅의 피투성이의 얼굴과 자주 떠오르는 피곤한 눈이 그의 앞 대기에 걸려 있었다." 조디는 암말 넬리의 죽음을 통해서 다시 죽음에 직면하지만, 생명의 신비를 인식하게 되는 점에서 이전의 죽음과는 다르다. 조디는 넬리의 교미, 임신, 그리고 출생의 과정을 거치면서 생과 사의 관계를, 즉 생명의 대가로서의 죽음의 의미를 재인식하게 된다고 할 수 있다. 바꾸어 말하면, "삶과 죽음이 분리할 수 없게 연결되어 있고, 그러한 것이 세계의 질서"임을 조디는 인식해 간다.

이와 같이 10세의 소년 조디가 세 단편을 통해서 인식하는 세계는 단순한 티플린 농장의 일상적인 일이 아니고 모두 죽음과 관련되어 있다. "선물"에서 가장 소중한 선물인 붉은 망아지의 죽음은 조디와 빌리 벅, 즉 인간의 실수에 의해 초래되었지만 조디로 하여금 책임감을 체득케 하는데 그 의미가 크다. "대산맥"에서는 미지의 세계인 대산맥 너머로 이스터와 함께 떠난 지타노의 죽음을 통해서 조디로 하여금 자연의 이치와 죽음의 신비를 인식케 한다. 뿐만 아니라 이는 미지의 세계에 대한 모험심을 강화시키는 계기가 된다. 그러나 "약속"에서 새로운 생명을 잉태하며 희생당해야만 하는 넬리의 죽음은 한 차원 높은 고귀한 죽음임을 보여준다.

4부작으로 구성된 『붉은 망아지』의 마지막 작품인 "민중의 지도자"에는 역사적 맥락 속에 서부 이주의 주제가 강렬하게 표출되어 있으며, 스타인벡과 미국인들의 서부 이주에 대한 인식 태도가 잘 드러나 있다. 외할아버지에서 칼(Carl), 그리고 조디(Jody)에게로 이어지는 3대의 혈맥은 미국의 과거, 현재, 그리고 미래를 통시적으로 연결해 보여준다. 우선 외할아버지와 칼의 대립 구조 속에서 외할아버지는 소시민적 삶에 안주해 버린 새 세대의 나약함을, 그리고 사위 칼은 과거에 저당 잡힌 장인의 현실을 상호간에 경멸한다. 외할아버지로 대표되는 과거의 미국인들은 개인을 초월한 집단체적 공동 목표 의식하에서 일사불란한 삶을 영위했다. 이 작품에서 미국의 꿈 (American Dream)은 서부행이라는 전형적인 이주의 형태로 표현되어 있다. 미국인에게 서부에로의 이주는 미지의 세계를 향한 욕구의 실천이자 가치 추구의 확인이었다. 그러나 "더 이상 갈 곳이 없다. 대양이 당신을 멈추게 하였다. 바다가 그들을 멈추게 하였기 때문에 한 무리의 노인들이 바닷가에서 바다를 증오하고 있다."라고 표현한 외할아버지의 말대로, 그들의 대열이 서부의 종착지 캘리포니아 연안에 닿았을 때 이동은 정지되었고, 아울러 삶의 확고한 목적의식도 실종되어 버리고 말았다. 외할아버지의 과거는 배고픔을 망각함에 따라 나약함의 나락으로 추락한 현실을 인정할 수 없었으나 종국에는 시골의 조그마한 목장 주인 사위로부터 배척당하는 수모를 겪지 않으면 안 된다. "민중의 지도자"였던 위대한 과거 대신, 평생 동안 영세한 목장 주인의 위치에서 제자리걸음할 것이 틀림없는 사위의 보잘것없는 현실이 한층 우월했기 때문이다.

이 작품은 오늘날 미국인이 더 이상 위대하지 않음을 보여 준다. 칼로 대표되는 현세대는 미국민이 공동체적 꿈을 잃게 됨에 따라 소시민으로 전락한 반면, 외할아버지가 지녔던 과거의 미국의 꿈은 정신적 가치의 기틀을 지니지 못했기에 서부 이주의 종착지에서 와해되는 비극에 직면한 것으로 보인다. 현재나 과거의 미국 정신이 몰락한 원인을 바로 이러한 점에서 찾을 수 있을 것 같다.

그러나 이 작품에는 아메리칸 드림의 미래와 그 미래를 이끌어 갈 새로운 지도자의 모습이 예시되어 있다. 미래의 세대를 열어가는 조디는 외할아버지의 위업을 계승해 보고자 하는 자신의 포부를 밝힌다. 더 이상 나아갈 서부가 없음을 상기시켜 주는 외할아버지에게 그는 "보트로 갈 수 있다."고 말한다. 칼은 장인의 과거는 물론 성인이 되고자 하는 이들의 인간적 욕구마저도 수용하지 못하는 편협한 태도에 사로잡혀 있다. 미래의 세대 조디가 정신적 가치에 미처 눈뜨지 못했던 외할아버지의 미숙성과, 소아적 세계관의 초월이 불가능한 아버지의 결함을 극복할 수 있다면, 그리고 성년 조디가 미지의 세계를 향한 소년기의 모험심을 변함없이 간직할 수만 있다면 옛 영광을 재현할 가능성은 충분하다. 바로 이 점이 단편 "민중의 지도자"를 통해 스타인벡이 미국의 신세대에게 제시하고 싶은 비전으로 여겨진다.

스타인벡의 단편 가운데 "국화"보다 높이 평가되는 작품은 없을 것이다. 바보어(Brian Barbour)는 "국화"를 "가장 예술적으로 성공한 작품"으로 평가하고, 벤슨(Jackson J. Benson)과 오웬스(Louis Owens)도 "가장 훌륭한 작품"으로, 마커스(Mordecai Marcus)는 "세계에서 가장 위대한 단편 중 하나"로 각각 평가하고 있다. 비취(Joseph Warren Beach)나 앙드레 지이드(André Gide) 또한 스타인벡의 단편을 체호프(Chekhov)의 업적과 비교하며 "국화"를 찬양한 바 있다.

35세의 정열적인 여인 엘리사 앨런(Elisa Allen)은 "닫혀진 단지"처럼 보이는, 짙은 안개 낀 계곡의 정원에서 국화를 가꾼다. 남편 헨리(Henry)가 가축을 판 기념으로 읍내에서 함께 저녁을 먹기로 한다. 이 때 텁수룩한 사내인 땜장이가 일거리를 달라고 하는데, 몇 차례 거절을 하다가 그가 자신이 가꾼 국화에 관심을 보이자 그에게 일거리를 제공한다. 그는 일을 마친 후 어떤 여인이 국화를 필요로 한다고 말하고 엘리사에게 국화 줄기를 얻어가기까지 한다. 땜장이가 가버린 후, 엘리사는 그 땜장이에게 매료되어 나체로 거울 앞에 서서 목욕을 하며 차오르는 기분을 느낀다. 남편과 식사하러 가던 길에 그 국화가 길에 버려져 있음을 발견하고 그녀는 눈물을 흘리지만 남편에게 눈물을 보이지는 않는다.

이 스토리의 다양한 해석에도 불구하고 비평가들이 일관되게 귀착하는 하나의 주제는 충족되지 못한 여인의 욕구 좌절이다. 욕구 좌절의 특정한 원인에 대해서는 이견이 있을 수 있지만, 만족스럽지 못한 결혼 생활이 주된 원인임은 분명하다. 정신적 및 성적 문제가 결합된 것으로 생각할 수 있다. 스토리에서 분명히 제시되는 바, 엘리사는 힘이 "지나치게 강한" 여자로 "그녀의 정력에 비하면 국화 줄기는 너무 작다." 아이마저 없는 불모의 여인인 엘리사의 생활은 오직 여성의 성기를 상징하는 국화를 가꾸는 데 전념하지만, 남편 헨리는 그의 아내의 특별한 정원에 들어가지 못하고 철망 울타리에 기대고 있을 뿐이다. 반면에 떠돌이 땜장이는 낭만적인 인물로서 국화에 관심을 보인 척 함으로써 그녀의 "정원으로 들어오라."는 초대에 응한다. 땜장이와 대화를 나누면서 그녀의 가슴은 부풀어 오르고, 목소리마저 허스키하게 변하는 것을 느낀다. 땜장이에 대한 엘리사의 반응은 격렬할 정도로 섹슈얼하다. 그녀는 그의 바지가랑이 가까이에

손을 뻗치고 개처럼 낮게 웅크리기도 한다. 또한 그녀는 그의 야생적이고 이국적인 삶을 갈망하는 듯이 보이기도 한다. 땜장이의 이국적인 삶은 농장의 불모성으로부터의 탈출을 상징한다. 그러나 그녀가 소중하게 가꾼 국화를 길에 버린 장면에서 예시되듯이 그녀의 충만한 꿈은 좌절되고 만다. 마지막 장면에서 남편 몰래 눈물을 흘리는 데서 스타인벡의 다른 많은 인물들처럼 엘리사 또한 심한 외로움을 참고 견디며 외롭게 살아가야 할 애처로운 인물임을 알 수 있다.

"하얀 메추라기"("The White Quail")에서는 메리 텔러(Mary Teller)가 남편 해리 텔러(Harry Teller)에게 메추라기를 보호하기 위해서 회색 고양이를 사살하라고 명령한다. 이 때, 해리는 본능적으로 고양이 대신 메추라기를 쏴 버린다. 해리가 메추라기를 파괴하는 이유는 그것이 초연하고 접근할 수 없는 그의 아내를 상징하기 때문이다. 이처럼 "하얀 메추라기"는 "국화"와 마찬가지로 만족스럽지 못한 결혼을 심리학적으로 접근하고 있는 작품이다. 그러나 메리의 정원과 하얀 메추라기는 너무도 분명하게 그녀와 동일시된다는 점에서 이 작품은 "국화"보다 덜 효과적이라는 평을 받고 있다.

해리 텔러는 "살인"("The Murder")의 짐 무어(Jim Moore)나 "마구"("Harness")의 피터 랜달(Peter Randall), 그리고 "뱀"의 필립스 박사(Dr. Phillips) 등과 더불어 『긴 계곡』에 등장하는 외롭고 욕구 좌절된 여러 남성 인물들 가운데 하나이다. 반면에 메리는 자신의 욕구를 엄격히 통제할 수 있는 인물이라는 점에서 "국화"의 엘리사처럼 또 다른 "강한 여자"로 생각하기 쉽다. 하지만 좀 더 숙고해 보면 두 여인 모두 여성의 한계에 맞서 투쟁하는 외로운 인물이다. 둘 다 남성의 세계에서 여성에게 열려진 좁은 가능성의 범위에서 그들의 의미를 추구하며 나름대로의 내면세계를 표현하기 때문이다. 그들은 모두 그들의 에너지를 쏟아 부을 대상으로서 정원을 선택하고 있다. 그러나 엘리사와 달리 메리는 예술이 창작에 몰두하여 강박 관념에 사로잡힌 예술가처럼 그녀의 인생에서 인간적인 따스함과 동정을 배제하고 있는 매정한 인물이다. 오웬스는 그녀의 장엄한 행위를 "타락한 세계에서 타락하지 않은 에덴동산을 건설하려는 시도, 즉 메리

자신의 신경증적인 투사"로 해석한다.

"도주"는 "뱀", "국화"와 더불어 『긴 계곡』에 수록된 스타인벡의 대표적인 단편으로서 그 구성이나 표면적인 스토리는 간단하다. 19세 된 페페(Pepé)라는 청년이 어머니 심부름으로 멀리 떨어진 읍내에 약을 사러 갔다가 싸움에서 칼로 살인을 하고, 집으로 돌아 와 가족에게 알린 뒤 숲 속으로 도주하다가, 결국 추적자들에 의해 사살되는 이야기이다.

"도주" 자체는 리스카(Peter Lisca)가 밝히고 있듯이, 두 가지 측면에서 그 의미를 찾아 볼 수 있다. 사실적 측면에서 볼 때, 페페가 숲 속 깊이 들어가는 것은 문명으로부터 점차적으로 고립되는 것과, 혹은 야생 동물의 상태로 차츰 환원되는 것과 정비례하고 있다. 이는 페페가 야생 고양이나 사자와 마주칠 때, 두 동물이 페페를 무서워하지 않고, 마치 그가 그들과 똑같은 야생 동물이나 되는 듯이 침착하게 호기심을 가지고 바라보는 모습에서 알 수 있다.

상징적 측면에서 페페의 도주는 사실적 측면과는 반대 방향으로 의미가 발전된다. 왜냐 하면, 페페가 문명화된 모든 복장을 벗어 던질 때까지도 그는 동물 이상임을 보여주기 때문이다. 도주하는 데에 필요불가결한 말, 자연으로부터의 외상에서 보호해 주는 모자, 방어물인 총 등을 계속해서 잃고 필연적인 죽음에 직면하게 된다. 이때에도 페페는 동물적인 본능의 발로인 무모한 도주나 맹목적인 반항을 하지 않고, 어른이 되었음을 입증해 줄 수 있을 만큼 냉철하게 죽음이라는 운명을 받아들인다. 이러한 상징적 측면을 더 숙고해 보면, "도주"는 단순히 살인자 페페의 도주가 아니라, "모성으로부터의 도피, 부성의 탈피, 및 유년시절의 청산" 등을 의미하고 있음을 알 수 있다.

소년이 나이가 들어 신체적으로 성숙한다고 해서 성년이 되는 것이 아니다. 성인의 척도는 신체적 성장이 아니다. "어른이 필요할 때 어른이 된다."거나 "40세의 소년" 등의 표현에서 이를 유추할 수 있다. 그러면 페페는 언제 어른이 되는가? 그는 어머니의 심부름을 가서, 낯선 사람으로부터 모욕을 당하고, 그에게 칼을 던져 살인을 함으로써 어른이 된다. 나무 기둥에 칼을 던지는 것은

"소년의 놀이"에 불과하지만, 살인은 끝장을 보게 되는 "어른의 놀이"임이 분명하다. 따라서 페페는 살인을 함으로써 어른이 되어, 아이러니컬하게도 "도주"라는 어른의 용무를 가지고 집으로 돌아온다.

"뱀"은 바다와 육지 양면에 걸쳐 있는 젊은 필립스 박사의 조그만 실험실을 배경으로 불가사리의 수정 과정의 실험이 전개된다. 이 때 뱀과 외모가 유사한 검은 옷을 입은 호리호리한 여인이 그 실험실에 출현한다. 그 여인은 숫뱀을 사육하고 있는지 확인한 후 흰쥐를 사서 그 숫뱀에게 먹이로 주고, 그 뱀을 팔라고 제안한 후, 사서 소유하게 된다. 뱀을 가지고 가는 것이 아니라 그 실험실에 두고 오직 소유권만 갖겠다는 것이다. 그리고 그 뱀에게서 독을 뽑지 말고 사육해 달라고 부탁한 뒤, 다시 오겠다는 말을 남기고 사라진다. 필립스 박사는 그 여인에게 정신이 팔려 수태 실험에서 조처를 취할 시간을 놓쳐버림으로써 그 실험은 아무 쓸모없게 되고, 박사는 그 여인을 찾아 거리로 나서지만 찾지 못한다.

"뱀"은 언뜻 보기에 숫뱀이 흰쥐를 잡아먹는 모습을 유심히 관찰함으로써 자신의 "욕구 좌절을 객관화하는" 뱀과 닮은 여인의 이야기처럼 보인다. 특히 두 세계의 갈등의 양상이 어떻게 해결되느냐에 초점을 맞출 때 더욱 그러하다. 그러나 실은 그 여인을 통해서 생물학자인 필립스 박사에 관해서 우리에게 중요한 메시지를 전달하고 있는 것이다. 신비스런 여인은 우리 독자로 하여금 타인의 내부 세계를 통찰할 수 있도록 허용한다. 그녀는 이 스토리의 주인공을 우리가 이해할 수 있도록 도와주는 포일(foil)로서의 역할을 충실히 수행하고 있다. 한마디로 그 여인은 필립스 박사에게는 거울 역할을 한다. 다시 말해서 그 여인에 직면함으로써 젊은 필립스 박사의 진실한 모습이 거울 앞에 반영되어 나타나게 된다. 모든 면에서 전형적인 생물학자를 상징하고 있는 필립스 박사를 통해서 스타인벡은 과학의 세계가 무너지는 모습을 아쉬워하는 듯하다. 프렌취(French)의 말대로 "스타인벡은 비이성적 욕구를 자유롭게 추구하는 사람들이 아닌 그들이 사는 세상의 지식을 추구하는 사람들에게 동정을 보낸다."

"뱀"에서 여인으로 상징되는 성적 본능의 세계는 생육과 번성의 근원이 아닌,

죽음으로 연결되는 어둡고 혐오스러운 세계이다. 이성적이고 합리적인 젊은 과학자 필립스 박사는 여인과 같은 자연적 과정을 조롱하는 사람들을 증오했으나 결국 증오의 대상으로부터 조롱당하고 무너져 버리고 만다. 이렇게 하여 두 세계의 갈등과 대립은 결국 무의식의 세계와 본능의 세계가 의식의 세계와 과학의 세계를 압도하는 것으로 끝을 맺는다.

이와 같은 일련의 사건들을 스타인벡은 비목적론적 사고의 토대 위에 전개시키고 있다. "뱀"은 작품 세계에 대한 작가 자신의 해석을 삼감으로써 작가의 의도된 주제가 작품을 구속하지 않는 열린 구조를 지닌다. 이는 "뱀"에서 사용된 몇 가지의 기교와 함께 이 작품의 중요한 미학적 요소를 이룬다. 스타인벡은 불가사리를 검은 물속에 던져 넣어버리고 이제는 아무 것에도 기도할 수 없게 되어버렸음에 탄식하는 젊은 필립스 박사를 독자들에게 침묵을 지키며 제시함으로써 작품에 열린 공간을 만들어 독자의 관심을 끌어들인다.

이 작품의 구성원리는 상반되는 두 세계의 대립이다. 두 세계는 의식과 무의식, 과학과 신비, 이성과 감정(또는 본능), 주관과 객관, 선과 악, 목적론과 비목적론 등 이 세계를 구성하는 모든 이원적인 것들의 구성 원리와 평행을 이룬다. 작가는 필립스 박사의 실험실을 바다와 육지 양면에 접한 장소에 설정하는 것을 시작으로 이 작품의 거의 모든 소재들을 양분되는 두 세계로 자리 매김 함으로써 독특한 미학을 형성하고 있다. 실험실이 위치하는 바다와 육지, 필립스 박사와 여인, 뱀과 쥐, 바닷물 소리와 쥐 울음소리, 그리고 양성 생물로서의 불가사리 등과 같이 대립 관계에 서는 소재들로 말미암아 이 작품의 구성은 한층 더 긴장의 미학을 지닌다.

이 작품에서 사용된 반복의 기법은 작품의 상징성을 더욱 강화하는 효과를 지닌다. 작품 전편에서 되풀이하여 들려오는 파도 소리는 여인의 존재가 출현한 지점으로서의 바다를 상기시킴으로써 여인의 상징성을 끊임없이 환기하고 있다. 소재의 반복으로 인한 상징성이 씨줄이 되고 소재의 대립으로 인한 긴장된 구성이 날줄이 되어, 이 작품은 정교한 의미망을 구축한다. 극도로 언어를 절제하면서 인간의 복합적 내면세계의 층위를 적나라하게 그려낸 "뱀"은 단편소설의 언어가 얼마만큼 함축적일 수 있는가를 보여주는 좋은 예이다. 이러한 점에서 "뱀"은 단편소설의 미적 양식에 충실한 단편소설의 전범이 되는 작품이라 평가할 만하다.

"조반"("Breakfast")은 1인칭 시점으로 "나"라는 인물이 어느 날 동이 터오는 새벽에 노동자 텐트에서 요리하는 냄새를 마주치게 되는데, 마음 훈훈하게 조반을 얻어먹은 기억을 스케치한 작품이다. 아마 일거리를 찾고 있는 이 인물은 낯모른 사람들의 호의와 인정을 아름답게 묘사하고 있다. 낡은 스토브의 훈기와 여명을 밝혀오는 햇살, 뜨거운 커피와 식사가 교묘하게 조화를 이룬 상황에서, 목화 따러 함께 가자는 초대는 거절하지만 그 조반에 대한 기억은 두고두고 그를 즐겁게 한다고 묘사하고 있다.

사실, 이 에피소드는 스타인벡이 노동 운동에 관심을 가졌던 1934년 여름에 노동자 숙소에서의 실제 경험을 토대로 작품화한 것이다. 이 작품은 *The Grapes of Wrath* 22장의 일부로 각색하여 삽입되어 있고, 또한 이 부분은 *The Portable Steinbeck*에도 "Breakfast and Work"이라는 제목으로 실려 있다.

# TEXT

# The Red Pony

I.

# The Gift

At daybreak Billy Buck emerged from the bunkhouse and stood for a moment on the porch looking up at the sky. He was a broad, bandy-legged[1] little man with a walrus mustache[2], with square hands, puffed and muscled on the palms. His eyes were a contemplative, watery grey and the hair which protruded from under his Stetson hat[3] was spiky and weathered. Billy was still stuffing his shirt into his blue jeans as he stood on the porch. He unbuckled his belt and tightened it again. The belt showed, by the worn shiny places opposite each hole, the gradual increase of Billy's middle over a period of years. When he had seen to the weather, Billy cleared each nostril by holding its mate closed with his forefinger and blowing fiercely. Then he walked down to the barn, rubbing his hands together. He curried and brushed two saddle horses in the stalls, talking quietly to them all the time; and he had hardly finished when the iron triangle[4] started ringing at the ranch house. Billy stuck the brush and currycomb together and laid them on the rail, and went up to breakfast. His action had been so deliberate and yet so wasteless of time that he came to the house while Mrs. Tiflin was still ringing the triangle. She nodded her grey head

1) bandy-legged: 앙가발이의, 안짱다리의.
2) a walrus mustache: 해마처럼 양끝을 축 늘어뜨린 모양의 콧수염.
3) Stetson hat: 미국인 Stetson이 고안한 모자.
4) the iron triangle: 철로 만들어진 삼각종.

to him and withdrew into the kitchen. Billy Buck sat down on the steps, because he was a cow-hand, and it wouldn't be fitting that he should go first into the dining-room. He heard Mr. Tiflin in the house, stamping his feet into his boots.

The high jangling note of the triangle put the boy Jody in motion. He was only a little boy, ten years old, with hair like dusty yellow grass and with shy polite grey eyes, and with a mouth that worked when he thought. The triangle picked him up out of sleep. It didn't occur to him to disobey the harsh note. He never had: no one he knew ever had. He brushed the tangled hair out of his eyes and skinned his nightgown off. In a moment he was dressed — blue chambray[5)] shirt and overalls. It was late in the summer, so of course there were no shoes to bother with. In the kitchen he waited until his mother got from in front of the sink and went back to the stove. Then he washed himself and brushed back his wet hair with his fingers. His mother turned sharply on him as he left the sink. Jody looked shyly away.

"I've got to cut your hair before long," his mother said. "Breakfast's on the table. Go on in, so Billy can come."

Jody sat at the long table which was covered with white oilcloth[6)] washed through to the fabric in some places. The fried eggs lay in rows on their platter. Jody took three eggs on his plate and followed with three thick slices of crisp bacon. He carefully scraped a spot of blood from one of the egg yolks.[7)]

Billy Buck clumped in. "That won't hurt you," Billy explained. "That's only a sign the rooster leaves."

Jody's tall stern father came in then and Jody knew from the noise on the floor that he was wearing boots, but he looked under the table anyway, to make sure. His father turned off the oil lamp over the table, for plenty of morning light now came through the windows.

Jody did not ask where his father and Billy Buck were riding that

5) chambray: 샤브레(흰 씨실과 색 있는 날실로 희끗희끗하게 짠 직물).
6) oilcloth: 유포(식탁보나 선반 씌우개 따위).
7) yolks: 노른자위.

day, but he wished he might go along. His father was a disciplinarian. Jody obeyed him in everything without questions of any kind. Now, Carl Tiflin sat down and reached for the egg platter.

"Got the cows ready to go, Billy?" he asked.

"In the lower corral," Billy said. "I could just as well take them in alone."

"Sure you could. But a man needs company. Besides your throat gets pretty dry[8]." Carl Tiflin was jovial this morning.

Jody's mother put her head in the door. "What time do you think to be back, Carl?"

"I can't tell. I've got to see some men in Salinas. Might be gone till dark."

The eggs and coffee and big biscuits disappeared rapidly. Jody followed the two men out of the house. He watched them mount their horses and drive six old milk cows out of the corral and start over the hill toward Salinas. They were going to sell the old cows to the butcher.

When they had disappeared over the crown of the ridge[9] Jody walked up the hill in back of the house. The dogs trotted around the house corner hunching[10] their shoulders and grinning horribly with pleasure. Jody patted their heads — Doubletree Mutt with the big thick tail and yellow eyes, and Smasher, the shepherd, who had killed a coyote and lost an ear in doing it. Smasher's one good ear stood up higher than a collie's ear should. Billy Buck said that always happened. After the frenzied greeting the dogs lowered their noses to the ground in a businesslike way and went ahead, looking back now and then to make sure that the boy was coming. They walked up through the chicken yard and saw the quail eating with the chickens. Smasher chased the chickens a little to keep in practice in case there should ever be sheep to herd. Jody continued on through the large vegetable patch where

8) gets pretty dry: 몹시 목이 타다, 목이 컬컬해지다.
9) radge: 산마루, 산등성이, 능선.
10) hunching: 등을 활 모양으로 구부리고.

the green corn was higher than his head. The cow-pumpkins were green and small yet. He went on to the sagebrush line[11] where the cold spring ran out of its pipe and fell into a round wooden tub. He leaned over and drank close to the green mossy wood where the water tasted best. Then he turned and looked back on the ranch, on the low, whitewashed house girded with[12] red geraniums, and on the long bunkhouse by the cypress tree[13] where Billy Buck lived alone. Jody could see the great black kettle under the cypress tree. That was where the pigs were scalded. The sun was coming over the ridge now, glaring on the white-wash of the houses and barns, making the wet grass blaze softly. Behind him, in the tall sagebrush, the birds were scampering[14] on the ground, making a great noise among the dry leaves; the squirrels piped shrilly on the side-hills. Jody looked along at the farm buildings. He felt an uncertainty in the air, a feeling of change and of loss and of the gain of new and unfamiliar things. Over the hillside two big black buzzards sailed low to the ground and their shadows slipped smoothly and quick-ly ahead of them. Some animal had died in the vicinity. Jody knew it. It might be a cow or it might be the remains of a rabbit. The buzzards overlooked nothing. Jody hated them as all decent things hate them, but they could not be hurt because they made away with carrion[15].

After a while the boy sauntered[16] down hill again. The dogs had long ago given him up and gone into the brush to do things in their own way. Back through the vegetable garden he went, and he paused for a moment to smash a green muskmelon with his heel, but he was not happy about it. It was a bad thing to do, he knew perfectly well. He kicked dirt over the ruined melon to conceal it.

Back at the house his mother bent over his rough hands, inspecting his fingers and nails. It did little good to start him clean to school

11) sagebrush line: 쑥 지대.
12) girded with: ...으로 에워 싼.
13) cypress tree: 상록 교목으로 40~50미터 정도 자라는 삼나무의 일종.
14) scampering: (scamper) 날쌔게 움직이며 돌아다니나.
15) carrion: 썩은 고기 또는 사체.
16) sauntered: (saunter) 어슬렁거리듯이 느릿느릿하게 걷다.

for too many things could happen on the way. She sighed over the black cracks on his fingers, and then gave him his books and his lunch and started him on the mile walk to school. She noticed that his mouth was working a good deal this morning.

Jody started his journey. He filled his pockets with little pieces of white quartz that lay in the road, and every so often he took a shot at a bird or at some rabbit that had stayed sunning itself in the road too long. At the crossroads over the bridge he met two friends and the three of them walked to school together, making ridiculous strides and being rather silly. School had just opened two weeks before. There was still a spirit of revolt among the pupils.

It was four o'clock in the afternoon when Jody topped the hill and looked down on the ranch again. He looked for the saddle horses, but the corral was empty. His father was not back yet. He went slowly, then, toward the afternoon chores. At the ranch house, he found his mother sitting on the porch, mending socks.

"There's two doughnuts in the kitchen for you," she said. Jody slid to the kitchen, and returned with half of one of the doughnuts already eaten and his mouth full. His mother asked him what he had learned in school that day, but she didn't listen to his doughnut-muffled[17] answer. She interrupted, "Jody, tonight see you fill the wood-box clear full. Last night you crossed the sticks and it wasn't only about half full. Lay the sticks flat tonight. And Jody, some of the hens are hiding eggs, or else the dogs are eating them. Look about in the grass and see if you can find any nests."

Jody, still eating, went out and did his chores. He saw the quail come down to eat with the chickens when he threw out the grain. For some reason his father was proud to have them come. He never allowed any shooting near the house for fear the quail might go away.

When the wood-box was full, Jody took his twenty-two rifle up to the cold spring at the brush line. He drank again and then aimed the gun at all manner of[18] things, at rocks, at birds on the wing, at the

17) doughnut-muffled: 도너트로 인해 소리가 잘 들리지 않은.

big black pig kettle under the cypress tree, but he didn't shoot for he had no cartridges and wouldn't have until he was twelve. If his father had seen him aim the rifle in the direction of the house he would have put the cartridges off another year. Jody remembered this and did not point the rifle down the hill again. Two years was enough to wait for cartridges. Nearly all of his father's presents were given with reservations which hampered[19] their value somewhat. It was good discipline.

The supper waited until dark for his father to return. When at last he came in with Billy Buck, Jody could smell the delicious brandy on their breaths. Inwardly he rejoiced, for his father sometimes talked to him when he smelled of brandy, sometimes even told things he had done in the wild days when he was a boy.

After supper, Jody sat by the fireplace and his shy polite eyes sought the room corners, and he waited for his father to tell what it was he contained, for Jody knew he had news of some sort. But he was disappointed. His father pointed a stern finger at him.

"You'd better go to bed, Jody. I'm going to need you in the morning."

That wasn't so bad. Jody liked to do the things he had to do as long as they weren't routine things. He looked at the floor and his mouth worked out a question before he spoke it. "What are we going to do in the morning, kill a pig?" he asked softly.

"Never you mind. You better get to bed."

When the door was closed behind him, Jody heard his father and Billy Buck chuckling and he knew it was a joke of some kind. And later, when he lay in bed, trying to make words out of murmurs in the other room, he heard his father protest, "But, Ruth, I didn't give much for him."

Jody heard the hoot-owls hunting mice down by the barn, and he heard a fruit tree limb tap-tapping against the house. A cow was lowing

18) all manner of: 모든 종류의(all kinds of). 참고: 이 뜻으로는 어미에 -s를 붙이지 않고 복수로 취급된다.

19) hampered: (hamper) 반감시켰다. 방해했다.

when he went to sleep.

When the triangle sounded in the morning, Jody dressed more quickly even than usual. In the kitchen, while he washed his face and combed back his hair, his mother addressed him irritably. "Don't you go out until you get a good breakfast in you."

He went into the dining-room and sat at the long white table. He took a steaming hotcake from the platter, arranged two fried eggs on it, covered them with another hotcake and squashed the whole thing with his fork.

His father and Billy Buck came in. Jody knew from the sound of the floor that both of them were wearing flat-heeled shoes, but he peered under the table to make sure. His father turned off the oil lamp, for the day had arrived, and he looked stern and disciplinary[20], but Billy Buck didn't look at Jody at all. He avoided the shy questioning eyes of the boy and soaked a whole piece of toast in his coffee.

Carl Tiflin said crossly, "You come with us after breakfast!"

Jody had trouble with his food then, for he felt a kind of doom in the air. After Billy had tilted his saucer and drained the coffee which had slopped into it, and had wiped his hands on his jeans, the two men stood up from the table and went out into the morning light together, and Jody respectfully followed a little behind them. He tried to keep his mind from running ahead, tried to keep it absolutely motionless.

His mother called, "Carl! Don't you let it keep him from school."

They marched past the cypress, where a singletree hung from a limb to butcher the pigs on, and past the black iron kettle, so it was not a pig killing. The sun shone over the hill and threw long, dark shadows of the trees and buildings. They crossed a stubble-field to shortcut to the barn. Jody's father unhooked the door and they went in. They had been walking toward the sun on the way down. The barn was black as night in contrast and warm from the hay and from the beasts. Jody's

20) disciplinary: (표정 따위가) 경고나 훈계를 하는 듯한.

father moved over toward the one box stall[21]. "Come here!" he ordered. Jody could begin to see things now. He looked into the box stall and then stepped back quickly.

A red pony colt was looking at him out of the stall. Its tense ears were forward and a light of disobedience was in its eyes. Its coat was rough and thick as an airedale's fur and its mane was long and tangled. Jody's throat collapsed in on itself and cut his breath short.

"He needs a good currying," his father said, "and if I ever hear of you not feeding him or leaving his stall dirty, I'll sell him off in a minute."

Jody couldn't bear to look at the pony's eyes any more. He gazed down at his hands for a moment, and he asked very shyly, "Mine?" No one answered him. He put his hand out toward the pony. Its grey nose came close, sniffing loudly, and then the lips drew back and the strong teeth closed on Jody's fingers. The pony shook its head up and down and seemed to laugh with amusement. Jody regarded his bruised fingers. "Well," he said with pride — "Well, I guess he can bite all right." The two men laughed, somewhat in relief. Carl Tiflin went out of the barn and walked up a side-hill to be by himself, for he was embarrassed, but Billy Buck stayed. It was easier to talk to Billy Buck. Jody asked again — "Mine?"

Billy became professional in tone. "Sure! That is, if you look out for him and break[22] him right. I'll show you how. He's just a colt. You can't ride him for some time."

Jody put out his bruised hand again, and this time the red pony let his nose be rubbed. "I ought to have a carrot," Jody said. "Where'd we get him, Billy?"

"Bought him at a sheriff's auction," Billy explained. "A show went broke[23] in Salinas and had debts. The sheriff was selling off their stuff."

The pony stretched out his nose and shook the forclock from his

21) box stall: 마구간 안에 설치해 놓은 커다란 사각형 칸막이.

22) break: 길들이다.

23) go broke: 파산하였다.

wild eyes. Jody stroked the nose a little. He said softly, "There isn't a — saddle?"

Billy Buck laughed. "I'd forgot. Come along."

In the harness room he lifted down a little saddle of red morocco leather[24]. "It's just a show saddle," Billy Buck said disparagingly[25]. "It isn't practical for the brush, but it was cheap at the sale."

Jody couldn't trust himself to look at the saddle either, and he couldn't speak at all. He brushed the shining red leather with his finger-tips, and after a long time he said, "It'll look pretty on him though." He thought of the grandest and prettiest things he knew. "If he hasn't a name already, I think I'll call him Gabilan Mountains," he said.

Billy Buck knew how he felt. "It's a pretty long name. Why don't you just call him Gabilan? That means hawk. That would be a fine name for him." Billy felt glad. "If you will collect tail hair, I might be able to make a hair rope for you sometime. You could use it for a hackamore[26]."

Jody wanted to go back to the box stall. "Could I lead him to school, do you think — to show the kids?"

But Billy shook his head. "He's not even halter-broke yet. We had a time[27] getting him here. Had to almost drag him. You better be starting for school though."

"I'll bring the kids to see him here this afternoon," Jody said.

Six boys came over the hill half an hour early that afternoon, running hard, their heads down, their forearms working, their breath whistling. They swept by the house and cut across the stubble-field to the barn. And then they stood self-consciously before the pony, and then they looked at Jody with eyes in which there was a new admiration and a new respect. Before today Jody had been a boy, dressed in overalls

24) morocco leather: 무두질한 염소 가죽. 무두질; 짐승의 날가죽에서 털과 기름을 뽑아 가죽을 부드럽게 만드는 일을 말함.

25) disparagingly: 비난하는 듯이.

26) hackamore: (말 조련용의) 고삐, halter.

27) had a time: 힘들었다, 어려웠다.

and a blue shirt — quieter than most, even suspected of being a little cowardly. And now he was different. Out of a thousand centuries they drew the ancient admiration of the footman for the horseman. They knew instinctively that a man on a horse is spiritually as well as physically bigger than a man on foot. They knew that Jody had been miraculously lifted out of equality with them, and had been placed over them. Gabilan put his head out of the stall and sniffed them.

"Why'n't you ride him?" the boys cried. "Why'n't you braid his tail with ribbons like in the fair?" "When you going to ride him?"

Jody's courage was up. He too felt the superiority of the horseman. "He's not old enough. Nobody can ride him for a long time. I'm going to train him on the long halter. Billy Buck is going to show me how."

"Well, can't we lead him around a little?"

"He isn't even halter broke," Jody said. He wanted to be completely alone when he took the pony out the first time. "Come and see the saddle."

They were speechless at the red morocco saddle, completely shocked out of comment. "It isn't much use in the brush," Jody explained. "It'll look pretty on him though. Maybe I'll ride bareback when I go into the brush."

"How you going to rope a cow without a saddle horn[28)]?"

"Maybe I'll get another saddle for every day. My father might want me to help him with the stock." He let them feel the red saddle, and showed them the brass chain throat-latch[29)] on the bridle and the big brass buttons at each temple where the headstall and brow band crossed. The whole thing was too wonderful. They had to go away after a little while, and each boy, in his mind, searched among his possessions for a bribe worthy of offering in return for a ride on the red pony when the time should come.

Jody was glad when they had gone. He took brush and currycomb from the wall, took down the barrier of the box stall and stepped cau-

28) saddle horn: 안장의 머리 부분.

29) throat-latch: (고삐에 붙어 있는) 목에 두르는 띠.

tiously in. The pony's eyes glittered, and he edged around into kicking position. But Jody touched him on the shoulder and rubbed his high arched neck as he had always seen Billy Buck do, and he crooned[30], "So-o-o Boy," in a deep voice. The pony gradually relaxed his tenseness. Jody curried and brushed until a pile of dead hair lay in the stall and until the pony's coat had taken on a deep red shine. Each time he finished he thought it might have been done better. He braided the mane into a dozen little pigtails[31], and he braided the forelock, and then he undid them and brushed the hair out straight again.

Jody did not hear his mother enter the barn. She was angry when she came, but when she looked in at the pony and at Jody working over him, she felt a curious pride rise up in her. "Have you forgot the wood-box?" she asked gently. "It's not far off from dark and there's not a stick of wood in the house, and the chickens aren't fed."

Jody quickly put up his tools. "I forgot, ma'am."

"Well, after this do your chores first. Then you won't forget. I expect you'll forget lots of things now if I don't keep an eye on you."

"Can I have carrots from the garden for him, ma'am?"

She had to think about that. "Oh — I guess so, if you only take the big tough ones."

"Carrots keep the coat good," he said, and again she felt the curious rush of pride.

Jody never waited for the triangle to get him out of bed after the coming of the pony. It became his habit to creep out of bed even before his mother was awake, to slip into his clothes and to go quietly down to the barn to see Gabilan. In the grey quiet mornings when the land and the brush and the houses and the trees were silver-grey and black like a photograph negative[32], he stole toward the barn, past the sleeping stones and the sleeping cypress tree. The turkeys, roosting in the tree

30) crooned(croon): 읊조리다; 작은 소리로 중얼대다.

31) pigtails: 땋아 늘인 머리 또는 갈기.

33) photograph negative: 사진의 원판(음화).

out of coyotes' reach, clicked drowsily. The fields glowed with a grey frost-like light and in the dew the tracks of rabbits and of field mice stood out sharply. The good dogs came stiffly out of their little houses, hackles up[33] and deep growls in their throats. Then they caught Jody's scent, and their stiff tails rose up and waved a greeting — Doubletree Mutt with the big thick tail, and Smasher, the incipient[34] shepherd — then went lazily back to their warm beds.

It was a strange time and a mysterious journey, to Jody — an extension of a dream. When he first had the pony he liked to torture himself during the trip by thinking Gabilan would not be in his stall, and worse, would never have been there. And he had other delicious little self-induced[35] pains. He thought how the rats had gnawed ragged holes in the red saddle, and how the mice had nibbled Gabilan's tail until it was stringy and thin. He usually ran the last little way to the barn. He unlatched the rusty hasp of the barn door and stepped in, and no matter how quietly he opened the door, Gabilan was always looking at him over the barrier of the box stall and Gabilan whinnied softly and stamped his front foot, and his eyes had big sparks of red fire in them like oakwood embers.

Sometimes, if the work horses were to be used that day, Jody found Billy Buck in the barn harnessing and currying. Billy stood with him and looked long at Gabilan and he told Jody a great many things about horses. He explained that they were terribly afraid for their feet, so that one must make a practice of[36] lifting the legs and patting the hooves and ankles to remove their terror. He told Jody how horses love conversation. He must talk to the pony all the time, and tell him the reasons for everything. Billy wasn't sure a horse could understand everything that was said to him, but it was impossible to say how much was understood. A horse never kicked up a fuss[37] if some one he

33) hackles up: 목덜미의 털을 곤추세우다.
34) incipient: 아직은 익숙하지 못한; not fully developed.
35) self-induced: 자신이 만들어낸.
36) make a practice of: 늘 …하다.
37) kicked up a fuss: 소란을 일으켰다.

liked explained things to him. Billy could give examples, too. He had known, for instance, a horse nearly dead beat with fatigue to perk up when told[38) it was only a little farther to his destination. And he had known a horse paralyzed with fright to come out of it when his rider told him what it was that was frightening him. While he talked in the mornings, Billy Buck cut twenty or thirty straws into neat three-inch lengths and stuck them into his hat-band. Then during the whole day, if he wanted to pick his teeth or merely to chew on something, he had only to reach up for one of them.

Jody listened carefully, for he knew and the whole country knew that Billy Buck was a fine hand with horses. Billy's own horse was a stringy cayuse[39) with a hammer head, but he nearly always won the first prizes at the stock trials[40). Billy could rope a steer[41), take a double half-hitch[42) about the horn with his riata[43), and dismount, and his horse would play the steer as an angler plays a fish[44), keeping a tight rope until the steer was down or beaten.

Every morning, after Jody had curried and brushed the pony, he let down the barrier of the stall, and Gabilan thrust past him and raced down the barn and into the corral. Around and around he galloped, and sometimes he jumped forward and landed on stiff legs. He stood quivering, stiff ears forward, eyes rolling so that the whites showed, pretending to be frightened. At last he walked snorting to the water-trough and buried his nose in the water up to the nostrils. Jody was proud then, for he knew that was the way to judge a horse. Poor horses only touched their lips to the water, but a fine spirited beast put his whole nose and mouth under, and only left room to breathe.

Then Jody stood and watched the pony, and he saw things he had

38) when told: when he was told that.
39) stringy cayuse: 늠름하게 보이는 (힘줄투성이의) 인디언 조랑말.
40) stock trails: 가축경기.
41) rope a steer: 수송아지를 올가미로 던져 붙잡다.
42) half-hitch: 반 매듭.
43) riata: 올가미 밧줄.
44) angler plays a fish: 낚시꾼이 낚시에 걸린 물고기를 어르다.

never noticed about any other horse, the sleek, sliding flank muscles and the cords of the buttocks[45], which flexed like a closing fist, and the shine the sun put on the red coat. Having seen horses all his life, Jody had never looked at them very closely before. But now he noticed the moving ears which gave expression and even inflection of expression to the face. The pony talked with his ears. You could tell exactly how he felt about everything by the way his ears pointed. Sometimes they were stiff and upright and sometimes lax and sagging. They went back when he was angry or fearful, and forward when he was anxious and curious and pleased; and their exact position indicated which emotion he had.

Billy Buck kept his word. In the early fall the training began. First there was the halter-breaking[46], and that was the hardest because it was the first thing. Jody held a carrot and coaxed and promised and pulled on the rope. The pony set his feet like a burro[47] when he felt the strain. But before long he learned. Jody walked all over the ranch leading him. Gradually he took to dropping[48] the rope until the pony followed him unled wherever he went.

And then came the training on the long halter. That was slower work. Jody stood in the middle of a circle, holding the long halter. He clucked with his tongue and the pony started to walk in a big circle, held in by the long rope. He clucked again to make the pony trot, and again to make him gallop. Around and around Gabilan went thundering[49] and enjoying it immensely. Then he called, "Whoa," and the pony stopped. It was not long until Gabilan was perfect at it. But in many ways he was a bad pony. He bit Jody in the pants and stomped[50] on Jody's feet. Now and then his ears went back and he aimed a tremendous kick at the boy. Every time he did one of these bad things, Gabilan

45) cords of the buttocks: 삭상 조직. 엉덩이에 있는 노끈이나 띠 모양의 힘줄을 나타내는 말.
46) halter-breaking: 고삐(굴레) 길들이기.
47) set his feet like a burro: 짐을 나르는 당나귀처럼 버티고 서 있었다.
48) took to dropping: 축 늘어뜨리기 시작했다.
49) thundering: 큰 소리를 내며.
50) stomped: (구어) 짓밟았다.(=stamped) 물러섰다.

settled back[51] and seemed to laugh to himself.

Billy Buck worked at the hair rope in the evenings before the fireplace. Jody collected tail hair in a bag, and he sat and watched Billy slowly constructing the rope, twisting a few hairs to make a string and rolling two strings together for a cord, and then braiding a number of cords to make the rope. Billy rolled the finished rope on the floor under his foot to make it round and hard.

The long halter work rapidly approached perfection. Jody's father, watching the pony stop and start and trot and gallop, was a little bothered by it.

"He's getting to be almost a trick pony," he complained. "I don't like trick horses. It takes all the — dignity out of a horse to make him do tricks. Why, a trick horse is kind of like an actor — no dignity, no character of his own." And his father said, "I guess you better be getting him used to the saddle pretty soon."

Jody rushed for the harness-room. For some time he had been riding the saddle on a sawhorse[52]. He changed the stirrup length over and over, and could never get it just right. Sometimes, mounted on the sawhorse in the harness-room, with collars and hames and tugs[53] hung all about him, Jody rode out beyond the room. He carried his rifle across the pommel. He saw the fields go flying by, and he heard the beat of the galloping hoofs.

It was a ticklish job, saddling the pony the first time. Gabilan hunched and reared and threw the saddle off before the cinch[54] could be tightened. It had to be replaced again and again until at last the pony let it stay. And the cinching was difficult, too. Day by day Jody tightened the girth[55] a little more until at last the pony didn't mind

---

51) settled back: 물러섰다.
52) sawhorse: 나무를 자를 때에 받쳐 놓는 나무 조각.
53) with collars and hames and tugs: 목줄과 그 목줄에 달려있는 멍에와 가죽고삐를 늘어뜨린 채.
54) cinch: 말의 안장을 얹을 때 배에 걸쳐서 졸라매는 줄; 뱃대끈.
55) girth: (말 따위의) 배띠, 허리띠.

the saddle at all.

Then there was the bridle. Billy explained how to use a stick of licorice[56) for a bit[57) until Gabilan was used to having something in his mouth. Billy explained, "Of course we could force-break him to everything, but he wouldn't be as good a horse[58) if we did. He'd always be a little bit afraid, and he wouldn't mind because he wanted to."

The first time the pony wore the bridle he whipped his head about and worked his tongue against the bit until the blood oozed from the corners of his mouth. He tried to rub the headstall off on the manger. His ears pivoted about and his eyes turned red with fear and with general rambunctiousness[59). Jody rejoiced, for he knew that only a mean-souled horse does not resent training.

And Jody trembled when he thought of the time when he would first sit in the saddle. The pony would probably throw him off. There was no disgrace in that. The disgrace would come if he did not get right up and mount again. Sometimes he dreamed that he lay in the dirt and cried and couldn't make himself mount again. The shame of the dream lasted until the middle of the day.

Gabilan was growing fast. Already he had lost the long-leggedness of the colt; his mane was getting longer and blacker. Under the constant currying and brushing his coat lay as smooth and gleaming as orange-red lacquer. Jody oiled the hoofs and kept them carefully trimmed so they would not crack.

The hair rope was nearly finished. Jody's father gave him an old pair of spurs and bent in the side bars and cut down the strap and took up the chainlets[60) until they fitted. And then one day Carl Tiflin said:

"The pony's growing faster than I thought. I guess you can ride him by Thanksgiving. Think you can stick on?"

---

56) licorice: 감초 뿌리.

57) a stick of licorice for a bit: 재갈 대신에 한 뿌리의 감초.

58) as good a horse: as good a horse as we expect로 생각해 볼 것.

59) rambunctiousness: 사납게 날뜀; 제멋대로임.

60) took up the chainlets: 작은 사슬을 조였다.

"I don't know," Jody said shyly. Thanksgiving was only three weeks off. He hoped it wouldn't rain, for rain would spot the red saddle.

Gabilan knew and liked Jody by now. He nickered[61] when Jody came across the stubble-field, and in the pasture he came running when his master whistled for him. There was always a carrot for him every time.

Billy Buck gave him riding instructions over and over. "Now when you get up there, just grab tight with your knees and keep your hands away from the saddle, and if you get throwed, don't let that stop you. No matter how good a man is, there's always some horse can pitch him. You just climb up again before he gets to feeling smart about it. Pretty soon, he won't throw you no more, and pretty soon he *can't* throw you no more. That's the way to do it."

"I hope it don't rain before," Jody said.

"Why not? Don't want to get throwed in the mud?"

That was partly it, and also he was afraid that in the flurry of bucking[62] Gabilan might slip and fall on him and break his leg or his hip. He had seen that happen to men before, had seen how they writhed on the ground like squashed bugs, and he was afraid of it.

He practiced on the sawhorse how he would hold the reins in his left hand and a hat in his right hand. If he kept his hands thus busy, he couldn't grab the horn if he felt himself going off. He didn't like to think of what would happen if he did grab the horn. Perhaps his father and Billy Buck would never speak to him again, they would be so ashamed. The news would get about and his mother would be ashamed too. And in the schoolyard — it was too awful to contemplate.

He began putting his weight in a stirrup when Gabilan was saddled, but he didn't throw his leg over the pony's back. That was forbidden until Thanksgiving.

Every afternoon he put the red saddle on the pony and cinched it tight. The pony was learning already to fill his stomach out unnaturally

61) nickered (방언): 울었다 (neighed).

62) in the flurry of bucking: 말 탄 사람을 떨어뜨리려고 소동하는 중에.

large while the cinching was going on, and then to let it down[63] when the straps were fixed. Sometimes Jody led him up to the brush line and let him drink from the round green tub, and sometimes he led him up through the stubble-field to the hilltop from which it was possible to see the white town of Salinas and the geometric fields[64] of the great valley, and the oak trees clipped by the sheep. Now and then they broke through the brush and came to little cleared circles so hedged in that the world was gone and only the sky and the circle of brush were left from the old life. Gabilan liked these trips and showed it by keeping his head very high and by quivering his nostrils with interest. When the two came back from an expedition they smelled of the sweet sage they had forced through.

Time dragged on[65] toward Thanksgiving, but winter came fast. The clouds swept down and hung all day over the land and brushed the hilltops, and the winds blew shrilly at night. All day the dry oak leaves drifted down from the trees until they covered the ground, and yet the trees were unchanged.

Jody had wished it might not rain before Thanksgiving, but it did. The brown earth turned dark and the trees glistened. The cut ends of the stubble turned black with mildew; the haystacks grayed from exposure to the damp, and on the roofs the moss, which had been all summer as grey as lizards, turned a brilliant yellow-green. During the week of rain, Jody kept the pony in the box stall out of the dampness, except for a little time after school when he took him out for exercise and to drink at the water-trough in the upper corral. Not once did Gabilan get wet.

The wet weather continued until little new grass appeared. Jody walked to school dressed in a slicker[66] and short rubber boots. At length one morning the sun came out brightly. Jody, at his work in

63) let it down: 힘을 빼어 부푼 배를 줄이다.
64) geometric fields: 기하의 도형 같은 벌판.
65) dragged on: 천천히 흘러갔다.
66) slicker: 비옷, 방수복.

the box stall, said to Billy Buck, "Maybe I'll leave Gabilan in the corral when I go to school today."

"Be good[67] for him to be out in the sun," Billy assured him. "No animal likes to be cooped up[68] too long. Your father and me are going back on the hill to clean the leaves out of the spring." Billy nodded and picked his teeth with one of his little straws.

"If the rain comes, though — " Jody suggested.

"Not likely to rain today. She's rained herself out[69]."

Billy pulled up his sleeves and snapped his arm bands. "If it comes on to rain — why a little rain don't hurt a horse."

"Well, if it does come on to rain, you put him in, will you, Billy? I'm scared he might get cold so I couldn't ride him when the time comes."

"Oh sure! I'll watch out for him if we get back in time. But it won't rain today."

And so Jody, when he went to school, left Gabilan standing out in the corral.

Billy Buck wasn't wrong about many things. He couldn't be. But he was wrong about the weather that day, for a little after noon the clouds pushed over the hills and the rain began to pour down. Jody heard it start on the schoolhouse roof. He considered holding up one finger for permission to go to the outhouse[70] and, once outside, running for home to put the pony in. Punishment would be prompt both at school and at home. He gave it up and took ease from Billy's assurance that rain couldn't hurt a horse. When school was finally out, he hurried home through the dark rain. The banks at the sides of the road spouted little jets of muddy water. The rain slanted and swirled under a cold and gusty wind. Jody dog-trotted[71] home, slopping through the gravelly mud of the road.

---

67) Be good: It would be good로 생각해 볼 것.

68) be cooped up: (coop) 좁은 곳에 갇히다.

69) She's rained herself out: 비가 엄청나게 많이 왔다.

70) outhouse: 옥외 변소.

71) dog-trotted: (trot) 총총 걸음으로 달려갔다.

From the top of the ridge he could see Gabilan standing miserably in the corral. The red coat was almost black, and streaked with water. He stood head down with his rump to the rain and wind. Jody arrived running and threw open the barn door and led the wet pony in by his forelock. Then he found a gunny sack and rubbed the soaked hair and rubbed the legs and ankles. Gabilan stood patiently, but he trembled in gusts like the wind.

When he had dried the pony as well as he could, Jody went up to the house and brought hot water down to the barn and soaked the grain in it. Gabilan was not very hungry. He nibbled at the hot mash, but he was not very much interested in it, and he still shivered now and then. A little steam rose from his damp back.

It was almost dark when Billy Buck and Carl Tiflin came home. "When the rain started we put up at Ben Herche's place, and the rain never let up[72] all afternoon," Carl Tiflin explained. Jody looked reproachfully at Billy Buck and Billy felt guilty.

"You said it wouldn't rain," Jody accused him.

Billy looked away. "It's hard to tell, this time of year," he said, but his excuse was lame. He had no right to be fallible, and he knew it.

"The pony got wet, got soaked through."

"Did you dry him off?"

"I rubbed him with a sack and I gave him hot grain."

Billy nodded in agreement.

"Do you think he'll take cold, Billy?"

"A little rain never hurt anything," Billy assured him.

Jody's father joined the conversation then and lectured the boy a little. "A horse," he said, "isn't any lap-dog kind of thing." Carl Tiflin hated weakness and sickness, and he held a violent contempt for helplessness.

Jody's mother put a platter of steaks on the table and boiled potatoes and boiled squash[73], which clouded the room with their steam. They

72) let up: (비, 바람 등이) 그치다, 잠잠해지다.

sat down to eat. Carl Tiflin still grumbled about weakness put into animals and men by too much coddling.

Billy Buck felt bad about his mistake. "Did you blanket him?" he asked.

"No. I couldn't find any blanket. I laid some sacks over his back."

"We'll go down and cover him up after we eat, then." Billy felt better about it then. When Jody's father had gone in to the fire and his mother was washing dishes, Billy found and lighted a lantern. He and Jody walked through the mud to the barn. The barn was dark and warm and sweet. The horses still munched their evening hay. "You hold the lantern!" Billy ordered. And he felt the pony's legs and tested the heat of the flanks. He put his cheek against the pony's grey muzzle and then he rolled up the eyelids to look at the eyeballs and he lifted the lips to see the gums, and he put his fingers inside the ears. "He don't seem so chipper[74]," Billy said. "I'll give him a rub-down[75]."

Then Billy found a sack and rubbed the pony's legs violently and he rubbed the chest and the withers. Gabilan was strangely spiritless. He submitted patiently to the rubbing. At last Billy brought an old cotton comforter[76] from the saddle-room, and threw it over the pony's back and tied it at neck and chest with string.

"Now he'll be all right in the morning," Billy said.

Jody's mother looked up when he got back to the house. "You're late up from bed," she said. She held his chin in her hard hand and brushed the tangled hair out of his eyes and she said, "Don't worry about the pony. He'll be all right. Billy's as good as any horse doctor in the country."

Jody hadn't known she could see his worry. He pulled gently away from her and knelt down in front of the fireplace until it burned his stomach. He scorched himself through and then went in to bed, but

73) squash: 호박.
74) chipper: 기운찬, 쾌활한.
75) rub-down: 안마, 마사지(massage).
77) comforter: 푹신한 이불.

it was a hard thing to go to sleep. He awakened after what seemed a long time. The room was dark but there was a greyness in the window like that which precedes the dawn. He got up and found his overalls and searched for the legs, and then the clock in the other room struck two. He laid his clothes down and got back into bed. It was broad daylight when he awakened again. For the first time he had slept through the ringing of the triangle. He leaped up, flung on his clothes and went out of the door still buttoning his shirt. His mother looked after him for a moment and then went quietly back to her work. Her eyes were brooding[77] and kind. Now and then her mouth smiled a little but without changing her eyes at all.

Jody ran on toward the barn. Halfway there he heard the sound he dreaded, the hollow rasping cough of a horse. He broke into a sprint[78] then. In the barn he found Billy Buck with the pony. Billy was rubbing his legs with his strong thick hands. He looked up and smiled gaily. "He just took a little cold," Billy said. "We'll have him out of it in a couple of days."

Jody looked at the pony's face. The eyes were half closed and the lids thick and dry. In the eye corners a crust of hard mucus stuck. Gabilan's ears hung loosely sideways and his head was low. Jody put out his hand, but the pony did not move close to it. He coughed again and his whole body constricted[79] with the effort. A little stream of thin fluid ran from his nostrils.

Jody looked back at Billy Buck. "He's awful sick, Billy."

"Just a little cold, like I said," Billy insisted. "You go get some breakfast and then go back to school. I'll take care of him."

"But you might have to do something else. You might leave him."

"No, I won't. I won't leave him at all. Tomorrow's Saturday. Then you can stay with him all day." Billy had failed again, and he felt badly about it. He had to cure the pony now.

77) brooding: 숙고하다; meditating.
78) broke into a sprint: 낼 수 있는 최대의 속력으로 달렸다.
79) constricted: 죄어들었다.

Jody walked up to the house and took his place listlessly[80] at the table. The eggs and bacon were cold and greasy, but he didn't notice it. He ate his usual amount. He didn't even ask to stay home from school. His mother pushed his hair back when she took his plate. "Billy'll take care of the pony," she assured him.

He moped[81] through the whole day at school. He couldn't answer any questions nor read any words. He couldn't even tell anyone the pony was sick, for that might make him sicker. And when school was finally out he started home in dread. He walked slowly and let the other boys leave him. He wished he might continue walking and never arrive at the ranch.

Billy was in the barn, as he had promised, and the pony was worse. His eyes were almost closed now, and his breath whistled shrilly past an obstruction in his nose. A film covered that part of the eyes that was visible at all. It was doubtful whether the pony could see any more. Now and then he snorted, to clear his nose, and by the action seemed to plug it tighter. Jody looked dispiritedly at the pony's coat. The hair lay rough and unkempt[82] and seemed to have lost all of its old luster. Billy stood quietly beside the stall. Jody hated to ask, but he had to know.

"Billy, is he — is he going to get well?"

Billy put his fingers between the bars under the pony's jaw and felt about. "Feel here," he said and he guided Jody's fingers to a large lump under the jaw. "When that gets bigger, I'll open it up and then he'll get better."

Jody looked quickly away, for he had heard about that lump. "What is it the matter with him?"

Billy didn't want to answer, but he had to. He couldn't be wrong three times. "Strangles[83]," he said shortly, "but don't you worry about that. I'll pull him out of it. I've seen them get well when they were

80) listlessly: 열의 없고 무관심하게.

81) moped: (mope) 침울해졌다. 우울하게 지냈다.

82) unkempt: 빗질하지 않은, (머리 따위가) 텁수룩한.

83) strangles: 「보통 단수취급」 선역(말의 전염병).

worse than Gabilan is. I'm going to steam him now. You can help."

"Yes," Jody said miserably. He followed Billy into the grain room and watched him make the steaming bag ready. It was a long canvas nose bag[84) with straps to go over a horse's ears. Billy filled it one-third full of bran[85) and then he added a couple of handfuls of dried hops. On top of the dry substance he poured a little carbolic acid[86) and a little turpentine[87). "I'll be mixing it all up while you run to the house for a kettle of boiling water," Billy said.

When Jody came back with the steaming kettle, Billy buckled the straps over Gabilan's head and fitted the bag tightly around his nose. Then through a little hole in the side of the bag he poured the boiling water on the mixture. The pony started away as a cloud of strong steam rose up, but then the soothing fumes crept through his nose and into his lungs, and the sharp steam began to clear out the nasal passages. He breathed loudly. His legs trembled in an ague[88), and his eyes closed against the biting cloud. Billy poured in more water and kept the steam rising for fifteen minutes. At last he set down the kettle and took the bag from Gabilan's nose. The pony looked better. He breathed freely, and his eyes were open wider than they had been.

"See how good it makes him feel," Billy said. "Now we'll wrap him up in the blanket again. Maybe he'll be nearly well by morning."

"I'll stay with him tonight," Jody suggested.

"No. Don't you do it. I'll bring my blankets down here and put them in the hay. You can stay tomorrow and steam him if he needs it."

The evening was falling when they went to the house for their supper. Jody didn't even realize that some one else had fed the chickens and filled the wood-box. He walked up past the house to the dark brush line and took a drink of water from the tub. The spring water was

84) nose bag: 말 코 앞에 매다는 여물 망태기.

85) bran: 밀기울, 겨.

86) carbolic acid: 석탄산(맥주에 쓴맛 내는 것).

87) turpentine: 송지정(소나무과의 나무에서 채취한 수지).

88) ague: 오한, 한기.

so cold that it stung his mouth and drove a shiver[89] through him. The sky above the hills was still light. He saw a hawk flying so high that it caught the sun on its breast and shone like a spark. Two blackbirds were driving him down the sky, glittering as they attacked their enemy. In the west, the clouds were moving in to rain again.

Jody's father didn't speak at all while the family ate supper, but after Billy Buck had taken his blankets and gone to sleep in the barn, Carl Tiflin built a high fire in the fireplace and told stories. He told about the wild man who ran naked through the country and had a tail and ears like a horse, and he told about the rabbit-cats of Moro Cojo that hopped into the trees for birds. He revived the famous Maxwell brothers who found a vein of gold and hid the traces of it so carefully that they could never find it again.

Jody sat with his chin in his hands; his mouth worked nervously, and his father gradually became aware that he wasn't listening very carefully. "Isn't that funny?" he asked.

Jody laughed politely and said, "Yes, sir." His father was angry and hurt, then. He didn't tell any more stories. After a while, Jody took a lantern and went down to the barn. Billy Buck was asleep in the hay, and, except that his breath rasped[90] a little in his lungs, the pony seemed to be much better. Jody stayed a little while, running his fingers over the red rough coat, and then he took up the lantern and went back to the house. When he was in bed, his mother came into the room.

"Have you enough covers on? It's getting winter."

"Yes, ma'am."

"Well, get some rest tonight." She hesitated to go out, stood uncertainly. "The pony will be all right," she said.

Jody was tired. He went to sleep quickly and didn't awaken until dawn. The triangle sounded, and Billy Buck came up from the barn

89) drove a shiver: (추위로) 와들와들 떨리게 했다.
90) rasped: 귀에 거슬리는 소리가 났다.

before Jody could get out of the house.

"How is he?" Jody demanded.

Billy always wolfed his breakfast. "Pretty good. I'm going to open that lump this morning. Then he'll be better maybe."

After breakfast, Billy got out his best knife, one with a needle point. He whetted[91] the shining blade a long time on a little carborundum[92] stone. He tried the point and the blade again and again on his calloused[93] thumb-ball[94], and at last he tried it on his upper lip.

On the way to the barn, Jody noticed how the young grass was up and how the stubble was melting day by day into the new green crop of volunteer[95]. It was a cold sunny morning.

As soon as he saw the pony, Jody knew he was worse. His eyes were closed and sealed shut with dried mucus. His head hung so low that his nose almost touched the straw of his bed. There was a little groan in each breath, a deep-seated, patient groan.

Billy lifted the weak head and made a quick slash with the knife. Jody saw the yellow pus[96] run out. He held up the head while Billy swabbed[97] out the wound with weak carbolic acid salve.

"Now he'll feel better," Billy assured him. "That yellow poison is what makes him sick."

Jody looked unbelieving at Billy Buck. "He's awful sick."

Billy thought a long time what to say. He nearly tossed off[98] a careless assurance, but he saved himself in time. "Yes, he's pretty sick," he said at last. "I've seen worse ones get well. If he doesn't get pneumonia, we'll pull him through[99]. You stay with him. If he gets worse,

91) whetted: (칼) 갈았다, 자극하였다.
92) carborundum: 금강사, 탄화규소.
93) calloused: (피부가) 굳은, 못이 박힌.
94) thumb-ball: 엄지손가락 밑 매듭에 불룩한 살.
95) crop of volunteer: 저절로 발아하는 작물.
96) pus: 고름.
97) swabbed: (약·연고) 발랐다.
98) nearly tossed off: 거의 말할 뻔 했다.
99) pull him through: 그를 완쾌시키다.

you can come and get me."

For a long time after Billy went away, Jody stood beside the pony, stroking him behind the ears. The pony didn't flip his head the way he had done when he was well. The groaning in his breathing was becoming more hollow.

Doubletree Mutt looked into the barn, his big tail waving provocatively, and Jody was so incensed at[1] his health that he found a hard black clod on the floor and deliberately threw it. Doubletree Mutt went yelping away to nurse a bruised paw.

In the middle of the morning, Billy Buck came back and made another steam bag. Jody watched to see whether the pony improved this time as he had before. His breathing eased a little, but he did not raise his head.

The Saturday dragged on. Late in the afternoon Jody went to the house and brought his bedding down and made up a place to sleep in the hay. He didn't ask permission. He knew from the way his mother looked at him that she would let him do almost anything. That night he left a lantern burning on a wire over the box stall. Billy had told him to rub the pony's legs every little while.

At nine o'clock the wind sprang up and howled[2] around the barn. And in spite of his worry, Jody grew sleepy. He got into his blankets and went to sleep, but the breathy groans[3] of the pony sounded in his dreams. And in his sleep he heard a crashing noise which went on and on until it awakened him. The wind was rushing through the barn. He sprang up and looked down the lane of stalls. The barn door had blown open, and the pony was gone.

He caught the lantern and ran outside into the gale, and he saw Gabilan weakly shambling[4] away into the darkness, head down, legs working slowly and mechanically. When Jody ran up and caught him by the forelock, he allowed himself to be led back and put into his

1) incensed at: …에 몹시 성을 냈다.
2) howled: 바람이 윙윙 거렸다(몹시 불었다).
3) breathy groans: 가쁜 신음 소리.
4) shambling: 비틀거리다.

stall. His groans were louder, and a fierce whistling came from his nose. Jody didn't sleep any more then. The hissing of the pony's breath grew louder and sharper.

He was glad when Billy Buck came in at dawn. Billy looked for a time at the pony as though he had never seen him before. He felt the ears and flanks. "Jody," he said, "I've got to do something you won't want to see. You run up to the house for a while."

Jody grabbed him fiercely by the forearm. "You're not going to shoot him?"

Billy patted his hand. "No. I'm going to open a little hole in his windpipe[5] so he can breathe. His nose is filled up. When he gets well, we'll put a little brass button in the hole for him to breathe through."

Jody couldn't have gone away if he had wanted to. It was awful to see the red hide cut, but infinitely more terrible to know it was being cut and not to see it. "I'll stay right here," he said bitterly. "You sure you got to?"

"Yes. I'm sure. If you stay, you can hold his head. If it doesn't make you sick, that is."

The fine[6] knife came out again and was whetted again just as carefully as it had been the first time. Jody held the pony's head up and the throat taut, while Billy felt up and down for the right place. Jody sobbed once as the bright knife point disappeared into the throat. The pony plunged weakly away and then stood still, trembling violently. The blood ran thickly out and up the knife and across Billy's hand and into his shirtsleeve. The sure square hand sawed out a round hole in the flesh, and the breath came bursting out of the hole, throwing a fine spray[7] of blood. With the rush of oxygen, the pony took a sudden strength. He lashed out[8] with his hind feet and tried to rear[9], but Jody held his head down while Billy mopped the new wound with carbolic

5) windpipe. 숨구멍, 숨통.
6) fine: 날카로운; sharp.
7) fine spray: 미세한 물안개.
8) lashed out: 걷어찼다.
9) rear: (말 따위가) 뒷다리로 서다.

salve. It was a good job. The blood stopped flowing and the air puffed out[10] of the hole and sucked it in[11] regularly with a little bubbling noise.

The rain brought in by the night wind began to fall on the barn roof. Then the triangle rang for breakfast. "You go up and eat while I wait," Billy said. "We've got to keep this hole from plugging up."

Jody walked slowly out of the barn. He was too dispirited to tell Billy how the barn door had blown open and let the pony out. He emerged into the wet grey morning and sloshed[12] up to the house, taking a perverse pleasure in splashing through all the puddles. His mother fed him and put dry clothes on. She didn't question him. She seemed to know he couldn't answer questions. But when he was ready to go back to the barn she brought him a pan of steaming meal. "Give him this," she said.

But Jody did not take the pan. He said, "He won't eat anything," and ran out of the house. At the barn, Billy showed him how to fix a ball of cotton on a stick, with which to swab out[13] the breathing hole when it became clogged with mucus[14].

Jody's father walked into the barn and stood with them in front of the stall. At length he turned to the boy. "Hadn't you better come with me? I'm going to drive over the hill." Jody shook his head. "You better come on, out of this," his father insisted.

Billy turned on him angrily. "Let him alone. It's his pony, isn't it?"

Carl Tiflin walked away without saying another word. His feelings were badly hurt.

All morning Jody kept the wound open and the air passing in and out freely. At noon the pony lay wearily down on his side[15] and stretched his nose out.

---

10) puffed out: (공기·연기) 푹푹 나왔다, 내뿜었다.
11) sucked it in: 구멍을 오그라들게 했다(빨아들였다).
12) sloshed: 물(흙탕)속을 절벅거리며 갔다.
13) swab out: 청소하다.
14) clogged with mucus: 점액으로 막힌.
15) on his side: 옆으로.

Billy came back. "If you're going to stay with him tonight, you better take a little nap," he said. Jody went absently out of the barn. The sky had cleared to a hard thin blue. Everywhere the birds were busy with worms that had come to the damp surface of the ground.

Jody walked to the brush line and sat on the edge of the mossy tub. He looked down at the house and at the old bunkhouse and at the dark cypress tree. The place was familiar, but curiously changed. It wasn't itself any more, but a frame for things[16)] that were happening. A cold wind blew out of the east now, signifying that the rain was over for a little while. At his feet Jody could see the little arms of new weeds spreading out over the ground. In the mud about the spring were thousands of quail tracks.

Doubletree Mutt came sideways and embarrassed up through the vegetable patch, and Jody, remembering how he had thrown the clod, put his arm about the dog's neck and kissed him on his wide black nose. Doubletree Mutt sat still, as though he knew some solemn thing was happening. His big tail slapped the ground gravely. Jody pulled a swollen tick[17)] out of Mutt's neck and popped[18)] it dead between his thumb-nails. It was a nasty thing. He washed his hands in the cold spring water.

Except for the steady swish of the wind, the farm was very quiet. Jody knew his mother wouldn't mind if he didn't go in to eat his lunch. After a little while he went slowly back to the barn. Mutt crept into his own little house and whined softly to himself for a long time.

Billy Buck stood up from the box and surrendered the cotton swab[19)]. The pony still lay on his side and the wound in his throat bellowsed in and out. When Jody saw how dry and dead the hair looked, he knew at last that there was no hope for the pony. He had seen the dead hair before on dogs and on cows, and it was a sure sign. He

16) a frame for things: 사건(사물)들을 간직할 배경(구조).

17) swollen tick: 피를 빨아먹고 몸이 부픈 진드기.

18) popped: (pop) 꾹 눌러 비틀었다.

19) cotton swab: 자루걸레처럼 생긴 솜방망이.

sat heavily on the box and let down the barrier of the box stall. For a long time he kept his eyes on the moving wound, and at last he dozed, and the afternoon passed quickly. Just before dark his mother brought a deep dish of stew and left it for him and went away. Jody ate a little of it, and, when it was dark, he set the lantern on the floor by the pony's head so he could watch the wound and keep it open. And he dozed again until the night chill awakened him. The wind was blowing fiercely, bringing the north cold with it. Jody brought a blanket from his bed in the hay and wrapped himself in it. Gabilan's breathing was quiet at last; the hole in his throat moved gently. The owls flew through the hayloft[20], shrieking and looking for mice. Jody put his hands down on his head and slept. In his sleep he was aware that the wind had increased. He heard it slamming about the barn.

It was daylight when he awakened. The barn door had swung open. The pony was gone. He sprang up and ran out into the morning light.

The pony's tracks were plain enough, dragging through the frostlike dew on the young grass, tired tracks with little lines between them where the hoofs had dragged. They headed for the brush line halfway up the ridge. Jody broke into a run and followed them. The sun shone on the sharp white quartz that stuck through the ground here and there. As he followed the plain trail, a shadow cut across in front of him. He looked up and saw a high circle of black buzzards, and the slowly revolving circle dropped lower and lower. The solemn birds soon disappeared over the ridge. Jody ran faster then, forced on by panic and rage[21]. The trail entered the brush at last and followed a winding route among the tall sage bushes.

At the top of the ridge Jody was winded[22]. He paused, puffing noisily. The blood pounded in his ears. Then he saw what he was looking for. Below, in one of the little clearings[23] in the brush, lay the red pony. In the distance, Jody could see the legs moving slowly

20) hayloft: 건초를 보관하는 곳.

21) forced on by panic and rage: 공포와 격분에 휩싸여(떠 맡겨져).

22) winded: 숨이 차서 헐떡거렸다.

23) clearings: (산림을 벌채해서 만든) 개간지.

and convulsively[24]. And in a circle around him stood the buzzards, waiting for the moment of death they know so well.

Jody leaped forward and plunged down the hill. The wet ground muffled his steps and the brush hid him. When he arrived, it was all over. The first buzzard sat on the pony's head and its beak had just risen dripping with dark eye fluid. Jody plunged into the circle like a cat. The black brotherhood arose in a cloud, but the big one on the pony's head was too late. As it hopped along to take off, Jody caught its wing tip and pulled it down. It was nearly as big as he was. The free wing crashed into his face with the force of a club, but he hung on. The claws fastened on his leg and the wing elbows battered his head on either side. Jody groped[25] blindly with his free hand. His fingers found the neck of the struggling bird. The red eyes looked into his face, calm and fearless and fierce; the naked head turned from side to side. Then the beak opened and vomited a stream of putrefied[26] fluid. Jody brought up his knee and fell on the great bird. He held the neck to the ground with one hand while his other found a piece of sharp white quartz. The first blow broke the beak sideways and black blood spurted from the twisted, leathery mouth corners. He struck again and missed. The red fearless eyes still looked at him, impersonal and unafraid and detached. He struck again and again, until the buzzard lay dead, until its head was a red pulp. He was still beating the dead bird when Billy Buck pulled him off, and held him tightly to calm his shaking.

Carl TIflin wiped the blood from the boy's face with a red bandana[27]. Jody was limp and quiet now. His father moved the buzzard with his toe. "Jody," he explained, "the buzzard didn't kill the pony. Don't you know that?"

"I know it," Jody said wearily.

It was Billy Buck who was angry. He had lifted Jody in his arms,

24) convulsively: 경련을 일으키며.

25) groped: 더듬었다.

26) putrefied: 부패한, 곪은.

27) bandan(n)a: 밝은 색 바탕에 흰 무늬를 넣은 대형 손수건「스카프」.

and had turned to carry him home. But he turned back on Carl Tiflin. "'Course he knows it," Billy said furiously. "Jesus Christ! man, can't you see how he'd feel about it?"

## II.

# The Great Mountains

In the humming heat of a midsummer afternoon the little boy Jody listlessly looked about the ranch for something to do. He had been to the barn, had thrown rocks at the swallows' nests under the eaves until every one of the little mud houses broke open and dropped its lining[1] of straw and dirty feathers. Then at the ranch house he baited a rat trap with stale cheese and set it where Doubletree Mutt, that good big dog, would get his nose snapped. Jody was not moved by an impulse of cruelty; he was bored with the long hot afternoon. Doubletree Mutt put his stupid nose in the trap and got it smacked[2], and shrieked with agony and limped away with blood on his nostrils. No matter where he was hurt, Mutt limped. It was just a way he had. Once when he was young, Mutt got caught in a coyote trap, and always after that he limped, even when he was scolded.

When Mutt yelped, Jody's mother called from inside the house, "Jody! Stop torturing that dog and find something to do."

Jody felt mean[3] then, so he threw a rock at Mutt. Then he took his slingshot from the porch and walked up toward the brush line to try to kill a bird. It was a good slingshot, with store-bought rubbers, but while Jody had often shot at birds, he had never hit one. He walked

1) lining: 알맹이, 내층, 내면.
2) got it smacked: 찰싹하고 물렸다, 강타 당했다.
3) felt mean: 부끄러워졌다.

up through the vegetable patch, kicking his bare toes into the dust. And on the way he found the perfect slingshot stone, round and slightly flattened and heavy enough to carry through the air. He fitted it into the leather pouch of his weapon and proceeded to the brush line. His eyes narrowed, his mouth worked strenuously; for the first time that afternoon he was intent. In the shade of the sagebrush the little birds were working, scratching in the leaves, flying restlessly a few feet and scratching again. Jody pulled back the rubbers of the sling and advanced cautiously. One little thrush paused and looked at him and crouched, ready to fly. Jody sidled[4)] nearer, moving one foot slowly after the other. When he was twenty feet away, he carefully raised the sling and aimed. The stone whizzed; the thrush started up and flew right into it. And down the little bird went with a broken head. Jody ran to it and picked it up.

"Well, I got you," he said.

The bird looked much smaller dead than it had alive. Jody felt a little mean pain in his stomach, so he took out his pocket-knife and cut off the bird's head. Then he disemboweled[5)] it, and took off its wings; and finally he threw all the pieces into the brush. He didn't care about the bird, or its life, but he knew what older people would say if they had seen him kill it; he was ashamed because of their potential opinion. He decided to forget the whole thing as quickly as he could, and never to mention it.

The hills were dry at this season, and the wild grass was golden, but where the spring-pipe filled the round tub and the tub spilled over, there lay a stretch of fine green grass, deep and sweet and moist. Jody drank from the mossy tub and washed the bird's blood from his hands in cold water. Then he lay on his back in the grass and looked up at the dumpling[6)] summer clouds. By closing one eye and destroying perspective he brought them down within reach so that he could put

4) sidled: (가만가만) 다가섰다.
5) disemboweled: 배를 갈랐다. 창자를 빼냈다.
6) dumpling: 사과나 고기를 넣고 찌거나 구운 경단.

up his fingers and stoke them. He helped the gentle wind push them down the sky; it seemed to him that they went faster for his help. One fat white cloud he helped clear to the mountain rims and pressed it firmly over, out of sight. Jody wondered what it was seeing, then. He sat up the better to look at the great mountains where they went piling back, growing darker and more savage until they finished with one jagged[7) ridge, high up against the west. Curious secret mountains; he thought of the little he knew about them.

"What's on the other side?" he asked his father once.

"More mountains, I guess. why?"

"And on the other side of them?"

"More mountains. Why?"

"More mountains on and on?"

"Well, no. At last you come to the ocean."

"But what's in the mountains?"

"Just cliffs and brush and rocks and dryness."

"Were you ever there?"

"No."

"Has anybody ever been there?"

"A few people, I guess. It's dangerous, with cliffs and things. Why, I've read there's more unexplored country in the mountains of Monterey County than any place in the United States." His father seemed proud that this should be so.

"And at last the ocean?"

"At last the ocean."

"But," the boy insisted, "but in between? No one knows?"

"Oh, a few people do, I guess. But there's nothing there to get. And not much water. Just rocks and cliffs and greasewood[8)]. Why?"

"It would be good to go."

"What for? There's nothing there."

---

7) jagged: 들쭉날쭉한.

8) greasewood: (미국 서부 알칼리성 지대에 사는) 높이는 1미터 정도이며, 댑싸리와 비슷한 한해살이 풀.

Jody knew something was there, something very wonderful because it wasn't known, something secret and mysterious. He could feel within himself that this was so. He said to his mother, "Do you know what's in the big mountains?"

She looked at him and then back at the ferocious range, and she said. "Only the bear, I guess."

"What bear?"

"Why the one that went over the mountain to see what he could see."

Jody questioned Billy Buck, the ranch hand, about the possibility of ancient cities lost in the mountains, but Billy agreed with Jody's father.

"It ain't likely," Billy said. "There'd be nothing to eat unless a kind of people that can eat rocks live there."

That was all the information Jody ever got, and it made the mountains dear to him, and terrible. He thought often of the miles of ridge after ridge until as last there was the sea. When the peaks were pink in the morning they invited him among them: and when the sun had gone over the edge in the evening and the mountains were a purple-like despair, then Jody was afraid of them; then they were so impersonal and aloof that their very imperturbability[9)] was a threat.

Now he turned his head toward the mountains of the east, the Gabilans, and they were jolly mountains, with hill ranches in their creases[10)], and with pine trees growing on the crests. People lived there, and battles had been fought against the Mexicans on the slopes. He looked back for an instant at the Great Ones and shivered a little at the contrast. The foothill cup of the home ranch below him was sunny and safe. The house gleamed with white light and the barn was brown and warm. The red cows on the farther hill ate their way slowly toward the north. Even the dark cypress tree by the bunkhouse was usual and safe. The chickens scratched about in the dust of the farmyard with quick waltzing steps.

9) imperturbability: 태연한 모습.
10) creases: 분지, 주름살, 구김살.

Then a moving figure caught Jody's eye. A man walked slowly over the brow of the hill, on the road from Salinas, and he was headed toward the house. Jody stood up and moved down toward the house too, for if someone was coming, he wanted to be there to see. By the time the boy had got to the house the walking man was only halfway down the road, a lean man, very straight in the shoulders. Jody could tell he was old only because his heels struck the ground with hard jerks. As he approached nearer, Jody saw that he was dressed in blue jeans and in a coat of the same material. He wore clodhopper[11] shoes and an old flat-brimmed Stetson hat. Over his shoulder he carried a gunny sack, lumpy and full. In a few moments he had trudged close enough so that his face could be seen. And his face was as dark as dried beef. A mustache, blue-white against the dark skin, hovered over his mouth, and his hair was white, too, where it showed at his neck. The skin of his face had shrunk back against the skull until it defined bone, not flesh, and made the nose and chin seem sharp and fragile. The eyes were large and deep and dark, with eyelids stretched tightly over them. Irises[12] and pupils were one, and very black, but the eyeballs were brown. There were no wrinkles in the face at all. This old man wore a blue denim coat buttoned to the throat with brass buttons, as all men do who wear no shirts. Out of the sleeves came strong bony wrists and hands gnarled[13] and knotted and hard as peach branches. The nails were flat and blunt and shiny.

The old man drew close to the gate and swung down his sack when he confronted Jody. His lips fluttered a little and a soft impersonal voice came from between them.

"Do you live here?"

Jody was embarrassed. He turned and looked at the house, and he turned back and looked toward the barn where his father and Billy Buck were. "Yes," he said, when no help came from either direction.

11) clodhopper: 농부, (경멸적) 시골뜨기; 무지렁이.

12) irises: (iris). (안구의) 홍채.

13) gnarled: 울퉁불퉁한, 혹(마디)이 만들어진.

"I have come back," the old man said. "I am Gitano, and I have come back."

Jody could not take all this responsibility. He turned abruptly, and ran into the house for help, and the screen door banged after him. His mother was in the kitchen poking out the clogged holes of a colander[14) with a hairpin, and biting her lower lip with concentration.

"It's an old man," Jody cried excitedly. "It's an old *paisano*[15) man, and he says he's come back."

His mother put down the colander and stuck the hairpin behind the sink board. "What's the matter now?" she asked patiently.

"It's an old man outside. Come on out."

"Well, what does he want?" She untied the strings of her apron and smoothed her hair with her fingers.

"I don't know. He came walking."

His mother smoothed down her dress and went out, and Jody followed her. Gitano had not moved.

"Yes?" Mrs. Tiflin asked.

Gitano took off his old black hat and held it with both hands in front of him. He repeated, "I am Gitano, and I have come back."

"Come back? Back where?"

Gitano's whole straight body leaned forward a little. His right hand described the circle of the hills, the sloping fields and the mountains, and ended at his hat again. "Back to the rancho[16). I was born here, and my father, too."

"Here?" she demanded. "This isn't an old place."

"No, there," he said, pointing to the western ridge. "On the other side there, in a house that is gone."

At last she understood. "The old 'dobe[17) that's washed almost away,

14) colander: 여과기.

15) paisano: (스페인 말) 「시골뜨기」를 의미하지만, 스페인 사람 외 아메리카 인디언, 멕시코인등의 혼혈아들로 집시와 같은 생활을 하고 있는 사람을 말함.

16) rancho: (남미, 미국 남서부) 목장 노동자가 살고 있는 오두막집 또는 부락이나 목장 등을 말함.

17) 'dobe: (adobe). 굽지 않고 햇볕에 말려 만든 어도비 벽돌.

you mean?"

"Yes, señora[18]. When the rancho broke up they put no more lime on the 'dobe, and the rains washed it down."

Jody's mother was silent for a little, and curious homesick thoughts ran through her mind, but quickly she cleared them out. "And what do you want here now, Gitano?"

"I will stay here," he said quietly, "until I die."

"But we don't need an extra man here."

"I can not work hard any more, señora. I can milk a cow, feed chickens, cut a little wood; no more. I will stay here." He indicated the sack on the ground beside him. "Here are my things."

She turned to Jody. "Run down to the barn and call your father."

Jody dashed away, and he retuned with Carl Tiflin and Billy Buck behind him. The old man was standing as he had been, but he was resting now. His whole body had sagged into a timeless repose.

"What is it?" Carl Tiflin asked. "What's Jody so excited about?"

Mrs. Tiflin motioned to the old man. "He wants to stay here. He wants to do a little work and stay here"

"Well, we can't have him. We don't need any more men. He's too old. Billy does everything we need."

They had been talking over him as though he did not exist, and now, suddenly, they both hesitated and looked at Gitano and were embarrassed.

He cleared his throat. "I am too old to work. I come back where I was born."

"You weren't born here," Carl said sharply.

"No. In the 'dobe house over the hill. It was all one rancho before you came."

"In the mud house that's all melted down?"

"Yes. I and my father. I will stay here now on the rancho."

"I tell you you won't stay," Carl said angrily. "I don't need an old man. This isn't a big ranch. I can't afford food and doctor bills for an old man. You must have relatives and friends. Go to them. It is

18) señora: (스페인어) 부인, 숙녀.

like begging to come to strangers."

"I was born here," Gitano said patiently and inflexibly.

Carl Tiflin didn't like to be cruel, but he felt he must. "You can eat here tonight," he said. "You can sleep in the little room of the old bunkhouse. We'll give you your breakfast in the morning, and then you'll have to go along. Go to your friends. Don't come to die with strangers."

Gitano put on his black hat and stooped for the sack. "Here are my things," he said.

Carl turned away. "Come on, Billy, we'll finish down at the barn. Jody, show him the little room in the bunkhouse."

He and Billy turned back toward the barn. Mrs. Tiflin went into the house, saying over her shoulder, "I'll send some blankets down."

Gitano looked questioningly at Jody. "I'll show you where it is," Jody said.

There was a cot with a shuck mattress[19], an apple box holding a tin lantern, and a backless rocking-chair in the little room of the bunkhouse. Gitano laid his sack carefully on the floor and sat down on the bed. Jody stood shyly in the room, hesitating to go. At last he said.

"Did you come out of the big mountains?"

Gitano shook his head slowly. "No, I worked down the Salinas Valley."

The afternoon thought would not let Jody go. "Did you ever go into the big mountains back there?"

The old dark eyes grew fixed, and their light turned inward on the years that were living in Gitano's head. "Once — when I was a little boy. I went with my father."

"Way back, clear into the mountains?"

"Yes."

"What was there?" Jody cried. "Did you see any people or any houses?"

19) shuck mattress: (옥수수, 땅콩 등의) 껍질을 넣은 요.

"No."

"Well, what was there?"

Gitano's eyes remained inward. A little wrinkled strain came between his brows.

"What did you see in there?" Jody repeated.

"I don't know," Gitano said. "I don't remember."

"Was it terrible and dry?"

"I don't remember."

In his excitement, Jody had lost his shyness. "Don't you remember anything about it?"

Gitano's mouth opened for a word, and remained open while his brain sought the word. "I think it was quiet — I think it was nice."

Gitano's eyes seemed to have found something back in the years, for they grew soft and a little smile seemed to come and go in them.

"Didn't you ever go back in the mountains again?" Jody insisted.

"No."

"Didn't you ever want to?"

But now Gitano's face became impatient. "No," he said in a tone that told Jody he didn't want to talk about it any more. The boy was held by a curious fascination. He didn't want to go away from Gitano. His shyness returned.

"Would you like to come down to the barn and see the stock?" he asked.

Gitano stood up and put on his hat and prepared to follow.

It was almost evening now. They stood near the watering trough while the horses sauntered in from the hillsides for an evening drink. Gitano rested his big twisted hands[20] on the top rail of the fence. Five horses came down and drank, and then stood about, nibbling at the dirt or rubbing their sides against the polished wood of the fence. Long after they had finished drinking an old horse appeared over the brow of the hill and came painfully down. It had long yellow teeth; its hoofs were flat and sharp as spades, and its ribs and hip-bones jutted out[21]

20) twisted hands: 마디 투성이의 손.

under its skin. It hobbled[22] up to the trough and drank water with a loud sucking noise.

"That's old Easter," Jody explained. "That's the first horse my father ever had. He's thirty years old." He looked up into Gitano's old eyes for some response.

"No good any more," Gitano said.

Jody's father and Billy Buck came out of the barn and walked over.

"Too old to work," Gitano repeated. "Just eats and pretty soon dies."

Carl Tiflin caught the last words. He hated his brutality toward old Gitano, and so he became brutal again.

"It's a shame not to shoot Easter," he said. "It'd save him a lot of pains and rheumatism." He looked secretly at Gitano, to see whether he noticed the parallel, but the big bony hands did not move, nor did the dark eyes turn from the horse. "Old things ought to be put out of their misery," Jody's father went on. "One shot, a big noise, one big pain in the head maybe, and that's all. That's better than stiffness and sore teeth."

Billy Buck broke in. "They got a right to rest after they worked all of their life. Maybe they like to just walk around."

Carl had been looking steadily at the skinny horse. "You can't imagine now what Easter used to look like," he said softly. "High neck, deep chest, fine barrel. He could jump a five-bar gate in stride. I won a flat race[23] on him when I was fifteen years old. I could of got two hundred dollars for him any time. You wouldn't think how pretty he was." He checked himself, for he hated softness. "But he ought to be shot now," he said.

"He's got a right to rest," Billy Buck insisted.

Jody's father had a humorous thought. He turned to Gitano. "If ham and eggs grew on a side-hill I'd turn you out to pasture too," he said. "But I can't afford to pasture you in my kitchen."

21) jutted out: 불룩 튀어나왔다.

22) hobbled: 절뚝거리며 걸었다.

23) flat race: 장애물이 없는 평지에서의 경주.

He laughed to Billy Buck about it as they went on toward the house. "Be a good thing for all of us if ham and eggs grew on the side-hills."

Jody knew how his father was probing for a place to hurt Gitano. He had been probed often. His father knew every place in the boy where a word would fester.

"He's only talking," Jody said. "He didn't mean it about shooting Easter. He likes Easter. That was the first horse he ever owned."

The sun sank behind the high mountains as they stood there, and the ranch was hushed. Gitano seemed to be more at home in the evening. He made a curious sharp sound with his lips and stretched one of his hands over the fence. Old Easter moved stiffly to him, and Gitano rubbed the lean neck under the mane.

"You like him?" Jody asked softly.

"Yes — but he's no damn good."

The triangle sounded at the ranch house. "That's supper," Jody cried. "Come on up to supper."

As they walked up toward the house Jody noticed again that Gitano's body was as straight as that of a young man. Only by a jerkiness[24] in his movements and by the scuffling[25] of his heels could it be seen that he was old.

The turkeys were flying heavily into the lower branches of the cypress tree by the bunkhouse. A fat sleek ranch cat walked across the road carrying a rat so large that its tail dragged on the ground. The quail on the side-hills were still sounding the clear water call.

Jody and Gitano came to the back steps and Mrs. Tiflin looked out through the screen door at them.

"Come running, Jody. Come in to supper, Gitano."

Carl and Billy Buck had started to eat at the long oilcloth-covered table. Jody slipped into his chair without moving it, but Gitano stood holding his hat until Carl looked up and said, "Sit down, sit down. You might as well get your belly full before you go on." Carl was

24) jerkiness: 경련적인 움직임.
25) scuffling: 발을 끌며 걷는 모양.

afraid he might relent and let the old man stay, and so he continued to remind himself that this couldn't be.

Gitano laid his hat on the floor and diffidently sat down. He wouldn't reach for food. Carl had to pass it to him. "Here, fill yourself up." Gitano ate very slowly, cutting tiny pieces of meat and arranging little pats of mashed potato on his plate.

The situation would not stop worrying Carl Tiflin. "Haven't you got any relatives in this part of the country?" he asked.

Gitano answered with some pride, "My brother-in-law is in Monterey. I have cousins there, too,"

"Well, you can go and live there, then?"

"I was born here," Gitano said in gentle rebuke.

Jody's mother came in from the kitchen, carrying a large bowl of tapioca[26)] pudding.

Carl chuckled to her, "Did I tell you what I said to him? I said if ham and eggs grew on the side-hills I'd put him out to pasture, like old Easter."

Gitano stared unmoved at his plate.

"It's too bad he can't stay," said Mrs. Tiflin.

"Now don't you start anything," Carl said crossly.

When they had finished eating, Carl and Billy Buck and Jody went into the living-room to sit for a while, but Gitano, without a word of farewell or thanks, walked through the kitchen and out the back door. Jody sat and secretly watched his father. He knew how mean his father felt.

"This country's full of these old *paisanos*," Carl said to Billy Buck.

"They're damn good men," Billy defended them. "They can work older than white men. I saw one of them a hundred and five years old, and he could still ride a horse. You don't see any white men as old as Gitano walking twenty or thirty miles."

"Oh, they're tough, all right," Carl agreed. "Say[27)], are you standing

26) tapioca: 열대산 카사바(cassava)라는 식물 뿌리의 전분으로 만든 식료품.
27) Say: (조금 떨어져 있는 사람을 부를 때 쓰는 말로) '어이'에 해당함.

up for him too? Listen, Billy," he explained, "I'm having a hard enough time keeping this ranch out of the Bank of Italy without taking on anybody else to feed. You know that, Billy."

"Sure, I know," said Billy. "If you was rich, it'd be different."

"That's right, and it isn't like he didn't have relatives to go to. A brother-in-law and cousins right in Monterey. Why should I worry about him?"

Jody sat quietly listening, and he seemed to hear Gitano's gentle voice and its unanswerable, "But I was born here." Gitano was mysterious like the mountains. There were ranges back as far as you could see, but behind the last range piled up against the sky there was a great unknown country. And Gitano was an old man, until you got to the dull dark eyes. And in behind them was some unknown thing. He didn't ever say enough to let you guess what was inside, under the eyes. Jody felt himself irresistibly drawn toward the bunkhouse. He slipped from his chair while his father was talking and he went out the door without making a sound.

The night was very dark and far-off noises carried in clearly. The hamebells[28] of a wood team[29] sounded from way over the hill on the county road. Jody picked his way across the dark yard. He could see a light through the window of the little room of the bunkhouse. Because the night was secret he walked quietly up to the window and peered in. Gitano sat in the rocking-chair and his back was toward the window. His right arm moved slowly back and forth in front of him. Jody pushed the door open and walked in. Gitano jerked upright and, seizing a piece of deerskin, he tried to throw it over the thing in his lap, but the skin slipped away. Jody stood overwhelmed by the thing in Gitano's hand, a lean and lovely rapier[30] with a golden basket hilt[31]. The blade was like a thin ray of dark light. The hilt was pierced and intricately carved.

28) hamebells: 말의 멍에에 달린 방울.

29) wood team: (두 마리 이상이 말이 끄는) 목재를 나르는 수레.

30) rapier: (찌르기를 주로 한 결투용의) 가볍고 가느다란 쌍날칼.

31) basket hilt: 바구니 모양의 자루(손잡이).

"What is it?" Jody demanded.

Gitano only looked at him with resentful eyes, and he picked up the fallen deerskin and firmly wrapped the beautiful blade in it.

Jody put out his hand. "Can't I see it?"

Gitano's eyes smoldered[32] angrily and he shook his head.

"Where'd you get it? Where'd it come from?"

Now Gitano regarded him profoundly, as though he pondered. "I got it from my father."

"Well, where'd he get it?"

Gitano looked down at the long deerskin parcel in his hand. "I don't know?"

"Didn't he ever tell you?"

"No."

"What do you do with it?"

Gitano looked slightly surprised. "Nothing. I just keep it."

"Can't I see it again?"

The old man slowly unwrapped the shining blade and let the lamplight slip along it for a moment. Then he wrapped it up again. "You go now. I want to go to bed." He blew out the lamp almost before Jody had closed the door.

As he went back toward the house, Jody knew one thing more sharply than he had ever known anything. He must never tell anyone about the rapier. It would be a dreadful thing to tell anyone about it, for it would destroy some fragile structure of truth. It was a truth that might be shattered by division.

On the way across the dark yard Jody passed Billy Buck. "They're wondering where you are," Billy said.

Jody slipped into the living-room, and his father turned to him. "Where have you been?"

"I just went out to see if caught any rats in my new trap."

"It's time you went to bed," his father said.

32) smoldered: (억압된 감정이) 밖으로 나타나다. 그을다.

Jody was first at the breakfast table in the morning. Then his father came in, and last, Billy Buck. Mrs. Tiflin looked in from the kitchen.

"Where's the old man, Billy?" she asked.

"I guess he's out walking," Billy said. "I looked in his room and he wasn't there."

"Maybe started early to Monterey," said Carl. "It's a long walk."

"No," Billy explained. "His sack is in the little room."

After breakfast Jody walked down to the bunkhouse. Flies were flashing about in the sunshine. The ranch seemed especially quiet this morning. When he was sure no one was watching him, Jody went into the little room, and looked into Gitano's sack. An extra pair of long cotton underwear was there, an extra pair of jeans and three pairs of worn socks. Nothing else was in the sack. A sharp loneliness fell on Jody. He walked slowly back toward the house. His father stood on the porch talking to Mrs. Tiflin.

"I guess old Easter's dead at last," he said. "I didn't see him come down to water with the other horses."

In the middle of the morning Jess Taylor from the ridge ranch rode down.

"You didn't sell that old gray crowbait[33] of yours, did you, Carl?"

"No, of course not. Why?"

"Well," Jess said. "I was out this morning early, and I saw a funny thing. I saw an old man on an old horse, no saddle, only a piece of rope for a bridle. He wasn't on the road at all. He was cutting right up straight through the brush. I think he had a gun. At least I saw something shine in his hand."

"That's old Gitano," Carl Tiflin said. "I'll see if any of my guns are missing." He stepped into the house for a second. "Nope, all here. Which way was he heading, Jess?"

"Well, that's the funny thing. He was heading straight back into the mountains."

Carl laughed. "They never get too old to steal," he said. "I guess

33) crowbait: 늙고 가치 없는 말을 일컬음.

he just stole old Easter."

"Want to go after him, Carl?"

"Hell no[34], just save me burying that horse. I wonder where he got the gun. I wonder what he wants back there."

Jody walked up through the vegetable patch, toward the brush line. He looked searchingly at the towering mountains — ridge after ridge after ridge until at last there was the ocean. For a moment he thought he could see a black speck crawling up the farthest ridge. Jody thought of the rapier and of Gitano. And he thought of the great mountains. A longing caressed[35] him, and it was so sharp that he wanted to cry to get it out of his breast. He lay down in the green grass near the round tub at the brush line. He covered his eyes with his crossed arms and lay there a long time, and he was full of a nameless[36] sorrow.

34) Hell no: 'no'를 강조하는 표현법임.
35) caressed: 마음을 흔들었다.
36) nameless: 형언할 수 없는.

III.

# The Promise

In a mid-afternoon of spring, the little boy Jody walked martially along the brush-lined road toward his home ranch. Banging his knee against the golden lard bucket he used for school lunch, he contrived a good bass drum[1)], while his tongue fluttered sharply against the teeth to fill in snare drums[2)] and occasional trumpets. Some time back the other members of the squad that walked so smartly from the school had turned into the various little canyons and taken the wagon roads to their own home ranches. Now Jody marched seemingly alone, with high-lifted knees and pounding feet; but behind him there was a phantom army with great flags and swords, silent but deadly[3)].

The afternoon was green and gold with spring. Underneath the spread branches of the oaks the plants grew pale and tall, and on the hills the feed was smooth and thick. The sagebrushes shone with new silver leaves and the oaks wore hoods of golden green. Over the hills there hung such a green odor that the horses on the flats galloped madly, and then stopped, wondering; lambs, and even old sheep jumped in the air unexpectedly and landed on stiff legs, and went on eating; young clumsy calves butted their heads together and drew back and butted again.

As the grey and silent army marched past, led by Jody, the animals

1) base drum: (낮은음의) 큰 북.

2) snare drums: (울림 줄이 있는) 작은 북.

3) deadly: 무서운. 죽음과 같은.

stopped their feeding and their play and watched it go by. Suddenly Jody stopped. The grey army halted, bewildered and nervous. Jody went down on his knees. The army stood in long uneasy ranks for a moment, and then, with a soft sigh of sorrow, rose up in a faint grey mist and disappeared. Jody had seen the thorny crown[4] of a horny-toad[5] moving under the dust of the road. His grimy hand went out and grasped the spiked halo and held firmly while the little beast struggled. Then Jody turned the horny-toad over, exposing its pale gold stomach. With a gentle forefinger he stroked the throat and chest until the horny-toad relaxed, until its eyes closed and it lay languorous and asleep.

Jody opened his lunch pail and deposited the first game[6] inside. He moved on now, his knees bent slightly, his shoulders crouched; his bare feet were wise and silent. In his right hand there was a long grey rifle. The brush along the road stirred restively under a new and unexpected population[7] of grey tigers and grey bears. The hunting was very good, for by the time Jody reached the fork of the road where the mail box stood on a post, he had captured two more horny-toads, four little grass lizards, a blue snake, sixteen yellow-winged grasshoppers and a brown damp newt[8] from under a rock. This assortment scrabbled unhappily against the tin of the lunch bucket.

At the road fork the rifle evaporated and the tigers and bears melted from the hillsides. Even the moist and uncomfortable creatures in the lunch pail ceased to exist, for the little red metal flag was up on the mail box, signifying that some postal matter was inside. Jody set his pail on the ground and opened the letter box. There was a Montgomery Ward catalog and a copy of the *Salinas Weekly Journal*. He slammed the box, picked up his lunch pail and trotted over the ridge and down into the cup of the ranch. Past the barn he ran, and past the used-up

4) thorny crown: 뿔이 돋아난 머리.
5) horny-toad: 미국 서부 및 멕시코에 사는 등에 뿔이 있는 두꺼비. 도마뱀의 일종; horned toad.
6) game: 사냥감. 짐승.
7) population: 일정 지역에 사는 개체군이나 집단을 말함.
8) newt: 도롱뇽, 영원.

haystack and the bunkhouse and the cypress tree. He banged through the front screen door of the ranch house calling, "Ma'am, ma'am, there's a catalog."

Mrs. Tiflin was in the kitchen spooning clabbered[9] milk into a cotton bag. She put down her work and rinsed her hands under the tap. "Here in the kitchen, Jody. Here I am."

He ran in and clattered his lunch pail on the sink. "Here it is. Can I open the catalog, ma'am?"

Mrs. Tiflin took up the spoon again and went back to her cottage cheese[10]. "Don't lose it, Jody. Your father will want to see it." She scraped the last of the milk into the bag. "Oh, Jody, your father wants to see you before you go to your chores." She waved a cruising fly from the cheese bag.

Jody closed the new catalog in alarm. "Ma'am?"

"Why don't you ever listen? I say your father wants to see you."

The boy laid the catalog gently on the sink board. "Do you — is it something I did?"

Mrs. Tiflin laughed. "Always a bad conscience. What did you do?"

"Nothing, ma'am," he said lamely. But he couldn't remember, and besides it was impossible to know what action might later be construe d[11] as a crime.

His mother hung the full bag on a nail where it could drip into the sink. "He just said he wanted to see you when you got home. He's somewhere down by the barn."

Jody turned and went out the back door. Hearing his mother open the lunch pail and then gasp with rage, a memory stabbed him and he trotted away toward the barn, conscientiously not hearing the angry voice that called him from the house.

Carl Tiflin and Billy Buck, the ranch hand, stood against the lower pasture fence. Each man rested one foot on the lowest bar and both

9) clabbered: 진하게 엉긴, 시어진.

10) cottage cheese: 위에 뜬 기름을 걷어낸 우유로 만드는 희고 연한 치즈.

11) construed: 이해되었다.

elbows on the top bar. They were talking slowly and aimlessly. In the pasture half a dozen horses nibbled contentedly at the sweet grass. The mare, Nellie, stood backed up against the gate, rubbing her buttocks on the heavy post.

Jody sidled uneasily near. He dragged one foot to give an impression of great innocence and nonchalance[12]. When he arrived beside the men he put onc foot on the lowest fence rail, rested his elbows on the second bar and looked into the pasture too. The two men glanced sideways at him.

"I wanted to see you," Carl said in the stern tone he reserved for children and animals.

"Yes, sir," said Jody guiltily.

"Billy, here, says you took good care of the pony before it died."

No punishment was in the air. Jody grew bolder. "Yes, sir, I did."

"Billy says you have a good patient hand[13] with horses."

Jody felt a sudden warm friendliness for the ranch hand.

Billy put in, "He trained that pony as good as anybody I ever seen."

Then Carl Tiflin came gradually to the point. "If you could have another horse would you work for it?"

Jody shivered. "Yes, sir."

"Well, look here, then. Billy says the best way for you to be a good hand with horses is to raise a colt."

"It's the *only* good way." Billy interrupted.

"Now, look here, Jody," continued Carl. "Jess Taylor, up to the ridge ranch, has a fair stallion, but it'll cost five dollars. I'll put up the money, but you'll have to work it out[14] all summer. Will you do that?"

Jody felt that his insides were shriveling[15]. "Yes, sir," he said softly.

"And no complaining? And no forgetting when you're told to do something?"

"Yes, sir."

12) nonchalance: 무관심, 태연.
13) hand: 솜씨나 기량.
14) work it out: 돈을 벌어서 갚다.
15) shriveling: 오그라들다, 뒤틀리다.

"Well, all right, then. Tomorrow morning you take Nellie up to the ridge ranch and get her bred[16]. You'll have to take care of her, too, till she throws the colt."

"Yes, sir."

"You better get to the chickens and the wood now."

Jody slid away. In passing behind Billy Buck he very nearly put out his hand to touch the blue-jeaned legs. His shoulders swayed a little with maturity and importance.

He went to his work with unprecedented seriousness. This night he did not dump the can of grain to the chickens so that they had to leap over each other and struggle to get it. No, he spread the wheat so far and so carefully that the hens couldn't find some of it at all. And in the house, after listening to his mother's despair over boys who filled their lunch pails with slimy[17], suffocated reptiles, and bugs, he promised never to do it again. Indeed, Jody felt that all such foolishness was lost in the past. He was far too grown up ever to put horny-toads in his lunch pail any more. He carried in so much wood and built such a high structure with it that his mother walked in fear of an avalanche of oak. When he was done, when he had gathered eggs that had remained hidden for weeks, Jody walked down again past the cypress tree, and past the bunkhouse toward the pasture. A fat warty[18] toad that looked out at him from under the watering trough had no emotional effect on him at all.

Carl Tiflin and Billy Buck were not in sight, but from a metallic ringing on the other side of the barn Jody knew that Billy Buck was just starting to milk a cow.

The other horses were eating toward the upper end of the pasture, but Nellie continued to rub herself nervously against the post. Jody walked slowly near, saying, "So, girl, so-o[19], Nellie." The mare's ears went back naughtily and her lips drew away from her yellow teeth.

16) get her bred: 씨를 받게 하다, 새끼를 배게 하다.

17) slimy: 진흙투성이의.

18) warty: 사마귀(혹)가 있는.

19) So, ... so-o: 이리로 와, 이리로.

She turned her head around; her eyes were glazed and mad. Jody climbed to the top of the fence and hung his feet over and looked paternally down on the mare.

The evening hovered while he sat there. Bats and nighthawks flicked about. Billy Buck, walking toward the house carrying a full milk bucket, saw Jody and stopped. "It's a long time to wait," he said gently. "You'll get awful tired waiting."

"No, I won't, Billy. How long will it be?"

"Nearly a year."

"Well, I won't get tired."

The triangle at the house rang stridently[20]. Jody climbed down from the fence and walked to supper beside Billy Buck. He even put out his hand and took hold of the milk bucket to help carry it.

The next morning after breakfast Carl Tiflin folded a five-dollar bill in a piece of newspaper and pinned the package in the bib pocket[21] of Jody's overalls. Billy Buck haltered the mare Nellie and led her out of the pasture.

"Be careful now," he warned. "Hold her up short here so she can't bite you. She's crazy as a coot[22]."

Jody took hold of the halter leather itself and started up the hill toward the ridge ranch with Nellie skittering and jerking behind him. In the pasturage along the road the wild oat heads were just clearing their scabbards[23]. The warm morning sun shone on Jody's back so sweetly that he was forced to take a serious stiff-legged hop[24] now and then in spite of his maturity. On the fences the shiny blackbirds with red epaulets[25] clicked their dry call. The meadowlarks[26] sang like water, and the wild doves, concealed among the bursting leaves

20) stridently: 귀에 거슬리게.
21) bib pocket: 가슴 부분에 있는 포켓.
22) crazy as a coot: 바보(얼간이)처럼 화난(흥분한).
23) scabbards: 열매 꼬투리, (칼 따위의)집.
24) stiff-legged hop: 아이들이 기쁠 때 한쪽 발로 깡충깡충 뛰는 동작.
25) epaulets: 견장.
26) meadowlarks: 찌르레깃과의 새 이름; 들종다리.

of the oaks, made a sound of restrained grieving. In the fields the rabbits sat sunning themselves, with only their forked ears showing above the grass heads.

After an hour of steady uphill walking, Jody turned into a narrow road that led up a steeper hill to the ridge ranch. He could see the red roof of the barn sticking up above the oak trees, and he could hear a dog barking unemotionally near the house.

Suddenly Nellie jerked back and nearly freed herself. From the direction of the barn Jody heard a shrill whistling scream and a splintering of wood, and then a man's voice shouting. Nellie reared and whinnied. When Jody held to the halter rope she ran at him with bared teeth. He dropped his hold and scuttled out of the way, into the brush. The high scream came from the oaks again, and Nellie answered it. With hoofs battering the ground the stallion appeared and charged down the hill trailing a broken halter rope. His eyes glittered feverishly. His stiff, erected nostrils were as red as flame. His black, sleek hide shone in the sunlight. The stallion came on so fast that he couldn't stop when he reached the mare. Nellie's ears went back; she whirled and kicked at him as he went by. The stallion spun around and reared. He struck the mare with his front hoof, and while she staggered under the blow, his teeth raked her neck and drew an ooze of blood.

Instantly Nellie's mood changed. She became coquettishly feminine. She nibbled his arched neck with her lips. She edged around and rubbed her shoulder against his shoulder. Jody stood half-hidden in the brush and watched. He heard the step of a horse behind him, but before he could turn, a hand caught him by the overall straps[27] and lifted him off the ground. Jess Taylor sat the boy behind him on the horse.

"You might have got killed," he said. "Sundog's a mean devil sometimes. He busted his rope and went right through a gate."

Jody sat quietly, but in a moment he cried, "He'll hurt her, he'll kill her. Get him away!"

Jess chuckled. "She'll be all right. Maybe you'd better climb off

27) straps: 작업복(overall)에 달려 있는 멜빵.

and go up to the house for a little. You could get maybe a piece of pie up there."

But Jody shook his head. "She's mine, and the colt's going to be mine. I'm going to raise it up."

Jess nodded. "Yes, that's a good thing. Carl has good sense sometimes."

In a little while the danger was over. Jess lifted Jody down and then caught the stallion by its broken halter rope. And he rode ahead, while Jody followed, leading Nellie.

It was only after he had unpinned and handed over the five dollars, and after he had eaten two pieces of pie, that Jody started for home again. And Nellie followed docilely after him. She was so quiet that Jody climbed on a stump and rode her most of the way home.

The five dollars his father had advanced reduced Jody to peonage[28) for the whole late spring and summer. When the hay was cut he drove a rake[29). He led the horse that pulled on the Jackson-fork tackle[30), and when the baler came he drove the circling horse that put pressure on the bales. In addition, Carl Tiflin taught him to milk and put a cow under his care, so that a new chore was added night and morning.

The bay mare Nellie quickly grew complacent. As she walked about the yellowing hillsides or worked at easy tasks, her lips were curled in a perpetual fatuous smile. She moved slowly, with the calm importance of an empress[31). When she was put to a team, she pulled steadily and unemotionally. Jody went to see her every day. He studied her with critical eyes and saw no change whatever.

One afternoon Billy Buck leaned the many-tined manure fork[32) against the barn wall. He loosened his belt and tucked in his shirt-tail and tightened the belt again. He picked one of the little straws from his hatband and put it in the corner of his mouth. Jody, who was helping

---

28) peonage: 빚을 갚느라고 노예처럼 일하는 것.

29) rake: 갈퀴가 달린 수레바퀴.

30) tackle: 건초를 감아올리는 기중기와 같은 기계.

31) empress: 거드름을 부리며(위엄 있게).

32) many-tined manure fork: 여러 개의 살이 있는 퇴비 포크(쇠스랑).

Doubletree Mutt, the big serious dog, to dig out a gopher, staightened up as the ranch-hand sauntered out of the barn.

"Let's go up and have a look at Nellie," Billy suggested.

Instantly Jody fell into step with him. Doubletree Mutt watched them over his shoulder; then he dug furiously, growled, sounded little sharp yelps to indicate that the gopher was practically caught. When he looked over his shoulder again, and saw that neither Jody nor Billy was interested, he climbed reluctantly out of the hole and followed them up the hill.

The wild oats were ripening. Every head bent sharply under its load of grain, and the grass was dry enough so that it made a swishing sound as Jody and Billy stepped through it. Halfway up the hill they could see Nellie and the iron-grey gelding[33], Pete, nibbling the heads from the wild oats. When they approached, Nellie looked at them and backed her ears and bobbed[34] her head up and down rebelliously. Billy walked to her and put his hand under her mane and patted her neck, until her ears came forward again and she nibbled delicately at his shirt.

Jody asked, "Do you think she's really going to have a colt?"

Billy rolled the lids back from the mare's eyes with his thumb and forefinger. He felt the lower lip and fingered the black, leathery teats. "I wouldn't be surprised," he said.

"Well, she isn't changed at all. It's three months gone."

Billy rubbed the mare's flat forehead with his knuckle while she grunted with pleasure. "I told you you'd get tired waiting. It'll be five months more before you can see a sign, and it'll be at least eight months more before she throws the colt, about next January."

Jody sighed deeply. "It's a long time, isn't it?"

"And then it'll be about two years more before you can ride."

Jody cried out in despair, "I'll be grown up."

"Yep, you'll be an old man," said Billy.

33) gelding: 거세한 말.
34) bobbed: 갑자기 움직였다.

"What color do you think the colt'll be"

"Why, you can't ever tell. The stud is black and the dam is bay[35]. Colt might be black or bay or gray or dappled. You can't tell. Sometimes a black dam might have a white colt."

"Well, I hope it's black, and a stallion."

"If it's a stallion, we'll have to geld it. Your father wouldn't let you have a stallion."

"Maybe he would," Jody said. "I could train him not to be mean."

Billy pursed[36] his lips, and the little straw that had been in the corner of his mouth rolled down to the center.

"You can't ever trust a stallion," he said critically. "They're mostly fighting and making trouble. Sometimes when they're feeling funny they won't work. They make the mares uneasy and kick hell out of the geldings. Your father wouldn't let you keep a stallion."

Nellie sauntered away, nibbling the drying grass, Jody skinned the grain from a grass stem and threw the handful into the air, so that each pointed, feathered seed sailed out like a dart. "Tell me how it'll be, Billy. Is it like when the cows have calves?"

"Just about. Mares are a little more sensitive. Sometimes you have to be there to help the mare. And sometimes if it's wrong, you have to — " he paused.

"Have to what, Billy?"

"Have to tear the colt to pieces to get it out, or the mare'll die."

"But it won't be that way this time, will it, Billy?"

"Oh, no. Nellie's thrown[37] good colts."

"Can I be there, Billy? Will you be certain to call me? It's my colt."

"Sure, I'll call you. Of course I will."

"Tell me how it'll be."

"Why, you've seen the cows calving. It's almost the same. The mare starts groaning and stretching, and then, if it's a good right birth, the

35) the dam is bay: 암컷은 적갈색(밤색)이다.

36) pursed: 오므렸다.

37) thrown: 새끼를 낳았다는 의미.

head and forefeet come out, and the front hoofs kick a hole just the way the calves do. And the colt starts to breathe. It's good to be there, 'cause if its feet aren't right maybe he can't break the sac, and then he might smother."

Jody whipped his leg with a bunch of grass. "We'll have to be there, then, won't we?"

"Oh, we'll be there, all right."

They turned and walked slowly down the hill toward the barn. Jody was tortured with a thing he had to say, although he didn't want to. "Billy," he began miserably, "Billy, you won't let anything happen to the colt, will you?"

And Billy knew he was thinking of the red pony, Gabilan, and of how it died of strangles. Billy knew he had been infallible before that, and now he was capable of failure. This knowledge made Billy much less sure of himself than he had been. "I can't tell," he said roughly. "All sorts of things might happen, and they wouldn't be my fault. I can't do everything." He felt badly about his lost prestige, and so he said meanly, "I'll do everything I know, but I won't promise anything. Nellie's a good mare. She's thrown good colts before. She ought to this time." And he walked away from Jody and went into the saddle-room beside the barn, for his feelings were hurt.

Jody traveled often to the brushline behind the house. A rusty iron pipe ran a thin stream of spring water into an old green tub. Where the water spilled over and sank into the ground there was a patch of perpetually green grass. Even when the hills were brown and baked in the summer that little patch was green. The water whined softly into the trough all the year round. This place had grown to be a center-point for Jody. When he had been punished the cool green grass and the singing water soothed him. When he had been mean the biting acid of meanness[38] left him at the brushline. When he sat in the grass and listened to the purling[39] stream, the barriers set up in his mind by

38) biting acid of meanness: 야비한 행동에 대한 통렬한 생각(가책).

the stern day went down to ruin.

On the other hand, the black cypress tree by the bunkhouse was as repulsive as the water-tub was dear; for to this tree all the pigs came, sooner or later, to be slaughtered. Pig killing was fascinating, with the screaming and the blood, but it made Jody's heart beat so fast that it hurt him. After the pigs were scalded in the big iron tripod kettle and their skins were scraped and white, Jody had to go to the water-tub to sit in the grass until his heart grew quiet. The water-tub and the black cypress were opposites and enemies.

When Billy left him and walked angrily away, Jody turned up toward the house. He thought of Nellie as he walked, and of the little colt. Then suddenly he saw that he was under the black cypress, under the very singletree where the pigs were hung. He brushed his dry-grass hair off his forehead and hurried on. It seemed to him an unlucky thing to be thinking of his colt in the very slaughter place, especially after what Billy had said. To counteract[40] any evil result of that bad conjunction[41] he walked quickly past the ranch house, through the chicken yard, through the vegetable patch, until he came at last to the brushline.

He sat down in the green grass. The trilling[42] water sounded in his ears. He looked over the farm buildings and across at the round hills, rich and yellow with grain. He could see Nellie feeding on the slope. As usual the water place eliminated time and distance. Jody saw a black, long-legged colt, butting against Nellie's flanks, demanding milk. And then he saw himself breaking a large colt to halter. All in a few moments the colt grew to be a magnificent animal, deep of chest, with a neck as high and arched as a sea-horse's neck, with a tail that tongued and rippled like black flame. This horse was terrible to everyone but Jody. In the schoolyard the boys begged rides, and Jody smilingly agreed. But no sooner were they mounted than the black demon pitched them off. Why, that was his name, Black Demon! For a moment

39) purling: 졸졸 흐르는.

40) counteract: 없애다. 좌절시키다.

41) bad conjunction: 불길한 우연의 일치; ominous coincidence.

42) trilling: 졸졸 흐르는.

the trilling water and the grass and the sunshine came back, and then...

Sometimes in the night the ranch people, safe in their beds, heard a roar of hoofs go by. They said, "It's Jody, on Demon. He's helping out the sheriff[43] again." And then...

The golden dust filled the air in the arena at the Salinas Rodeo. The announcer called the roping contests. When Jody rode the black horse to the starting chute[44] the other contestants shrugged and gave up first place, for it was well known that Jody and Demon could rope and throw and tie a steer a great deal quicker than any roping team of two men could. Jody was not a boy any more, and Demon was not a horse. The two together were one glorious individual. And then. . .

The President wrote a letter and asked them to help catch a bandit[45] in Washington. Jody settled himself comfortably in the grass. The little stream of water whined into the mossy tub.

The year passed slowly on. Time after time Jody gave up his colt for lost. No change had taken place in Nellie. Carl Tiflin still drove her to a light cart, and she pulled on a hay rake and worked the Jackson-fork tackle[46] when the hay was being put into the barn.

The summer passed, and the warm bright autumn. And then the frantic morning winds began to twist along the ground, and a chill came into the air, and the poison oak turned red. One morning in September, when he had finished his breakfast, Jody's mother called him into the kitchen. She was pouring boiling water into a bucket full of dry midlings[47] and stirring the materials to a steaming paste.

"Yes, ma'am?" Jody asked.

"Watch how I do it. You'll have to do it after this every other morning."

43) sheriff (U.S): 보안관(민선에 의하여 임명되어, 사법권과 경찰권을 가진 행정 최고 관리).

44) chute: 출발점; 말이 일제히 출발하는 장소.

45) bandit: 도둑, 악한.

46) tackle: 도르래 장치, 도구.

47) midlings: 거친(밀 겨가 섞인) 밀가루.

"Well, what is it?"

"Why, it's warm mash for Nellie. It'll keep her in good shape[48])."

Jody rubbed his forehead with a knuckle. "Is she all right?" he asked timidly.

Mrs. Tiflin put down the kettle and stirred the mash with a wooden paddle. "Of course she's all right, only you've got to take better care of her from now on. Here, take this breakfast out to her!"

Jody seized the bucket and ran, down past the bunkhouse, past the barn, with the heavy bucket banging against his knees. He found Nellie playing with the water in the trough, pushing waves and tossing her head so that the water slopped out on the ground.

Jody climbed the fence and set the bucket of steaming mash beside her. Then he stepped back to look at her. And she was changed. Her stomach was swollen. When she moved, her feet touched the ground gently. She buried her nose in the bucket and gobbled[49]) the hot breakfast. And when she had finished and had pushed the bucket around the ground with her nose a little, she stepped quietly over to Jody and rubbed her cheek against him.

Billy Buck came out of the saddle-room and walked over. "Starts fast when it starts, doesn't it?"

"Did it come all at once?"

"Oh, no, you just stopped looking for a while." He pulled her head around toward Jody. "She's goin' to be nice, too. See how nice her eyes are! Some mares get mean, but when they turn nice, they just love everything." Nellie slipped her head under Billy's arm and rubbed her neck up and down between his arm and his side. "You better treat her awful nice now," Billy said.

"How long will it be?" Jody demanded breathlessly.

The man counted in whispers on his fingers. "About three months," he said aloud. "You can't tell exactly. Sometimes it's eleven months to the day[50]), but it might be two weeks early, or a month late, without

48) shape: 몸 상태를 말함; condition.
49) gobbled: 게걸스레 먹다.

hurting anything."

Jody looked hard at the ground. "Billy," he began nervously, "Billy, you'll call me when it's getting born, won't you? You'll let me there, won't you?"

Billy bit the tip of Nellie's ear with his front teeth. "Carl says he wants you to start right at the start[51]. That's the only way to learn. Nobody can tell you anything. Like my old man did with me about the saddle blanket. He was a government packer when I was your size, and I helped him some. One day I left a wrinkle in my saddle blanket and made a saddle-sore. My old man didn't give me hell at all. But the next morning he saddled me up with a forty-pound stock saddle. I had to lead my horse and carry that saddle over a whole damn mountain in the sun. It darn near[52] killed me, but I never left no wrinkles in a blanket again. I couldn't. I never in my life since then put on a blanket but I felt that saddle on my back."

Jody reached up a hand and took hold of Nellie's mane. "You'll tell me what to do about everything, won't you? I guess you know everything about horses, don't you?"

Billy laughed. "Why I'm half horse myself, you see," he said. "My ma died when I was born, and being my old man was a government packer in the mountains, and no cows around most of the time, why he just gave me mostly mare's milk." He continued seriously, "And horses know that. Don't you know it, Nellie?"

The mare turned her head and looked full into his eyes for a moment, and this is a thing horses practically never do. Billy was proud and sure of himself now. He boasted a little. "I'll see you get a good colt. I'll start you right. And if you do like I say, you'll have the best horse in the county."

That made Jody feel warm and proud, too; so proud that when he went back to the house he bowed his legs and swayed his shoulders

50) to the day: 출생일까지.

51) start right at the start: 처음부터 옳게 시작하다.

52) darn near: damn near; 거의.

as horsemen do. And he whispered, "Whoa, you Black Demon, you! Steady down there and keep your feet on the ground."

The winter fell sharply. A few preliminary gusty showers, and then a strong steady rain. The hills lost their straw color and blackened under the water, and the winter streams scrambled noisily down the canyons. The mushrooms and puffballs[53] popped up and the new grass started before Christmas.

But this year Christmas was not the central day to Jody. Some undetermined time in January had become the axis day around which the months swung. When the rains fell, he put Nellie in a box stall and fed her warm food every morning and curried her and brushed her.

The mare was swelling so greatly that Jody became alarmed. "She'll pop[54] wide open." he said to Billy.

Billy laid his strong square hand against Nellie's swollen abdomen[55]. "Feel here," he said quietly. "You can feel it move. I guess it would surprise you if there were twin colts."

"You don't think so?" Jody cried. "You don't think it will be twins, do you, Billy?"

"No, I don't, but it does happen, sometimes."

During the first two weeks of January it rained steadily. Jody spent most of his time, when he wasn't in school, in the box stall with Nellie. Twenty times a day he put his hand on her stomach to feel the colt move. Nellie became more and more gentle and friendly to him. She rubbed her nose on him. She whinnied softly when he walked into the barn.

Carl Tiflin came to the barn with Jody one day. He looked admiringly at the groomed bay coat, and he felt the firm flesh over ribs and shoulders. "You've done a good job," he said to Jody. And this was

53) puffballs: 말불버섯.

54) pop: 갑자기 움직이다(튀어 나오다).

55) abdomen: 배, 복부.

the greatest praise he knew how to give. Jody was tight with pride for hours afterward.

The fifteenth of January came, and the colt was not born. And the twentieth came; a lump of fear began to form in Jody's stomach. "Is it right?" he demanded of Billy.

"Oh, sure."

And again, "Are you sure it's going to be all right?" Billy stroked the mare's neck. She swayed her head uneasily. "I told you it wasn't always the same time, Jody. You just have to wait."

When the end of the month arrived with no birth, Jody grew frantic. Nellie was so big that her breath came heavily, and her ears were close together and straight up, as though her head ached. Jody's sleep grew restless, and his dreams confused.

On the night of the second of February he awakened crying. His mother called to him, "Jody, you're dreaming. Wake up and start over again."

But Jody was filled with terror and desolation. He lay quietly a few moments, waiting for his mother to go back to sleep, and then he slipped his clothes on, and crept out in his bare feet.

The night was black and thick. A little misting rain fell. The cypress tree and the bunkhouse loomed and then dropped back[56] into the mist. The barn door screeched as he opened it, a thing it never did in the daytime. Jody went to the rack and found a lantern and a tin box of matches. He lighted the wick and walked down the long straw-covered aisle to Nellie's stall. She was standing up. Her whole body weaved from side to side. Jody called to her, "So, Nellie, so-o, Nellie," but she did not stop her swaying nor look around. When he stepped into the stall and touched her on the shoulder she shivered under his hand. Then Billy Buck's voice came from the hayloft right above the stall.

"Jody, what are you doing?"

Jody started back and turned miserable eyes up toward the nest where Billy was lying in the hay. "Is she all right do you think?"

56) dropped back: 사라졌다.

"Why sure, I think so."

"You won't let anything happen, Billy, You're sure you won't?"

Billy growled down at him, "I told you I'd call you, and I will. Now you get back to bed and stop worrying that mare. She's got enough to do without you worrying her."

Jody cringed, for he had never heard Billy speak in such a tone. "I only thought I'd come and see," he said. "I woke up."

Billy softened a little then. "Well, you get to bed. I don't want you bothering her. I told you I'd get you a good colt. Get along now."

Jody walked slowly out of the barn. He blew out the lantern and set it in the rack. The blackness of the night and the chilled mist struck him and enfolded him. He wished he believed everything Billy said as he had before the pony died. It was a moment before his eyes, blinded by the feeble lantern-flame, could make[57] any form of the darkness. The damp ground chilled his bare feet. At the cypress tree the roosting turkeys chattered a little in alarm, and the two good dogs responded to their duty and came charging out, barking to frighten away the coyotes they thought were prowling under the tree.

As he crept through the kitchen, Jody stumbled over a chair. Carl called from his bedroom, "Who's there? What's the matter there?"

And Mrs. Tiflin said sleepily, "What's the matter, Carl?"

The next second Carl came out of the bedroom carrying a candle, and found Jody before he could get into bed. "What are you doing out?"

Jody turned shyly away. "I was down to see the mare."

For a moment anger at being awakened fought with approval in Jody's father. "Listen," he said, finally, "there's not a man in this country that knows more about colts than Billy. You leave it to him."

Words burst out of Jody's mouth. "But the pony died — "

"Don't you go blaming that on him," Carl said sternly. "If Billy can't save a horse, it can't be saved."

Mrs. Tiflin called, "Make him clean his feet and go to bed, Carl.

57) make: 구별하다; make out.

He'll be sleepy all day tomorrow."

It seemed to Jody that he had just closed his eyes to try to go to sleep when he was shaken violently by the shoulder. Billy Buck stood beside him, holding a lantern in his hand. "Get up," he said. "Hurry up." He turned and walked quickly out of the room.

Mrs. Tiflin called, "What's the matter? Is that you, Billy?"

"Yes, ma'am."

"Is Nellie ready?"

"Yes, ma'am"

"All right, I'll get up and heat some water in case you need it."

Jody jumped into his clothes so quickly that he was out the back door before Billy's swinging lantern was halfway to the barn. There was a rim of dawn on the mountain-tops, but no light had penetrated into the cup[58] of the ranch yet. Jody ran frantically after the lantern and caught up to Billy just as he reached the barn. Billy hung the lantern to a nail on the stall-side and took off his blue denim coat. Jody saw that he wore only a sleeveless shirt under it.

Nellie was standing rigid and stiff. While they watched, she crouched. Her whole body was wrung with a spasm. The spasm passed. But in a few moments it started over again, and passed.

Billy muttered nervously, "There's something wrong." His bare hand disappeared. "Oh, Jesus," he said. "It's wrong."

The spasm came again, and this time Billy strained, and the muscles stood out on his arm and shoulder. He heaved strongly, his forehead beaded with perspiration. Nellie cried with pain. Billy was muttering, "It's wrong. I can't turn it. It's way wrong. It's turned all around wrong."

He glared wildly toward Jody. And then his fingers made a careful, careful diagnosis. His cheeks were growing tight and grey. He looked for a long questioning minute at Jody standing back of the stall. Then Billy stepped to the rack under the manure window[59] and picked up

58) cup: 컵 모양의 분지.

a horseshoe hammer with his wet right hand.

"Go outside, Jody," he said.

The boy stood still and stared dully at him.

"Go outside, I tell you. It'll be too late."

Jody didn't move.

Then Billy walked quickly to Nellie's head. He cried, "Turn your face away, damn you, turn your face."

This time Jody obeyed. His head turned sideways. He heard Billy whispering hoarsely in the stall. And then he heard a hollow crunch of bone. Nellie chuckled shrilly. Jody looked back in time to see the hammer rise and fall again on the flat forehead. Then Nellie fell heavily to her side and quivered for a moment.

Billy jumped to the swollen stomach; his big pocket-knife was in his hand. He lifted the skin and drove the knife in. He sawed and ripped at the tough belly. The air filled with the sick odor of warm living entrails[60]. The other horses reared back against their halter chains[61] and squealed and kicked.

Billy dropped the knife. Both of his arms plunged into the terrible ragged hole and dragged out a big, white, dripping bundle. His teeth tore a hole in the covering. A little black head appeared through the tear[62], and little slick, wet ears. A gurgling breath was drawn, and then another. Billy shucked off the sac[63] and found his knife and cut the string[64]. For a moment he held the little black colt in his arms and looked at it. And then he walked slowly over and laid it in the straw at Jody's feet.

Billy's face and arms and chest were dripping red. His body shivered and his teeth chattered. His voice was gone; he spoke in a throaty whisper. "There's your colt. I promised. And there it is. I had to do

59) manure window: 비료(똥거름)를 버리는 창.

60) entrails: 창자, 장.

61) halter chains: 고삐를 매는 사슬.

62) tear: 째진 틈.

63) shucked off the sac: 새끼보 껍질을 벗기다.

64) string: 탯줄; the navel string.

it — had to." He stopped and looked over his shoulder into the box stall. "Go get hot water and a sponge," he whispered. "Wash him and dry him the way his mother would. You'll have to feed him by hand. But there's your colt, the way I promised."

Jody stared stupidly at the wet, panting foal. It stretched on its chin and tried to raise its head. Its blank eyes were navy blue.

"God damn you," Billy shouted, "will you go now for the water? *Will you go?*"

Then Jody turned and trotted out of the barn into the dawn. He ached from his throat to his stomach. His legs were stiff and heavy. He tried to be glad because of the colt, but the bloody face, and the haunted, tired eyes of Billy Buck hung in the air ahead of him.

IV.

# The Leader of the People

On Saturday afternoon Billy Buck, the ranch-hand, raked together the last of the old year's haystack and pitched small forkfuls[1)] over the wire fence to a few mildly interested cattle. High in the air small clouds like puffs of cannon smoke were driven eastward by the March wind. The wind could be heard whishing in the brush on the ridge crests, but no breath of it penetrated down into the ranch-cup[2)].

The little boy, Jody, emerged from the house eating a thick piece of buttered bread. He saw Billy working on the last of the haystack. Jody tramped down scuffing his shoes in a way he had been told was destructive to good shoe-leather. A flock of white pigeons flew out of the black cypress tree as Jody passed, and circled the tree and landed again. A half-grown tortoise-shell cat[3)] leaped from the bunkhouse porch, galloped on stiff legs across the road, whirled and galloped back again. Jody picked up a stone to help the game along, but he was too late, for the cat was under the porch before the stone could be discharged. He threw the stone into the cypress tree and started the white pigeons on another whirling flight.

Arriving at the used-up haystack, the boy leaned against the barbed[4)]

1) forkful: 쇠스랑 가득, 한 쇠스랑분의 양.
2) ranch-cup: 분지로 된 목장.
3) tortoise-shell cat: 흑·백·갈색의(삼색의) 얼룩 고양이.
4) barbed: 가시를 단.

wire fence. "Will that be all of it, do you think?" he asked.

The middle-aged ranch-hand stopped his careful raking and stuck his fork into the ground. He took off his black hat and smoothed down his hair. "Nothing left of it that isn't soggy from ground moisture," he said. He replaced his hat and rubbed his dry leathery hands together.

"Ought to be plenty mice," Jody suggested.

"Lousy with them," said Billy, "Just crawling with mice."

"Well, maybe, when you get all through, I could call the dogs and hunt the mice."

"Sure, I guess you could," said Billy Buck. He lifted a forkful of the damp ground-hay and threw it into the air. Instantly three mice leaped out and burrowed[5] frantically under the hay again.

Jody sighed with satisfaction. Those plump, sleek, arrogant mice were doomed. For eight months they had lived and multiplied in the haystack. They had been immune from cats, from traps, from poison and from Jody. They had grown smug[6] in their security, overbearing[7] and fat. Now the time of disaster had come; they would not survive another day.

Billy looked up at the top of the hills that surrounded the ranch. "Maybe you better ask your father before you do it," he suggested.

"Well, where is he? I'll ask him now."

"He rode up to the ridge ranch after dinner. He'll be back pretty soon."

Jody slumped against the fence post. "I don't think he'd care."

As Billy went back to his work he said ominously, "You'd better ask him anyway. You know how he is."

Jody did know. His father, Carl Tiflin, insisted upon giving permission for anything that was done on the ranch, whether it was important or not. Jody sagged[8] farther against the post until he was sitting on the ground. He looked up at the little puffs of wind-driven cloud. "Is

5) burrowed: 파고들었다, 숨었다.
6) smug: 멀쑥한.
7) overbearing: 거만한; haughty.
8) sagged(sag): 내려앉았다. 축 늘어졌다.

it like to rain, Billy?"

"It might. The wind's good for it, but not strong enough."

"Well, I hope it don't rain until after I kill those damn mice." He looked over his shoulder to see whether Billy had noticed the mature profanity[9]. Billy worked on without comment.

Jody turned back and looked at the side-hill where the road from the outside world came down. The hill was washed with lean March sunshine. Silver thistles[10], blue lupins[11] and a few poppies bloomed among the sage bushes. Halfway up the hill Jody could see Doubletree Mutt, the black dog, digging in a squirrel hole. He paddled[12] for a while and then paused to kick bursts of dirt out between his hind legs, and he dug with an earnestness which belied[13] the knowledge he must have had that no dog had ever caught a squirrel by digging in a hole.

Suddenly, while Jody watched, the black dog stiffened, and backed out of the hole and looked up the hill toward the cleft in the ridge where the road came through. Jody looked up too. For a moment Carl Tiflin on horseback stood out against the pale sky and then he moved down the road toward the house. He carried something white in his hand.

The boy started to his feet. "He's got a letter," Jody cried. He trotted away toward the ranch house, for the letter would probably be read aloud and he wanted to be there. He reached the house before his father did, and ran in. He heard Carl dismount from his creaking saddle and slap the horse on the side to send it to the barn where Billy would unsaddle it and turn it out.

Jody ran into the kitchen. "We got a letter!" he cried.

His mother looked up from a pan of beans. "Who has?"

"Father has. I saw it in his hand."

Carl strode into the kitchen then, and Jody's mother asked, "Who's

---

9) mature profanity: 어른들이 쓰는 상스러운 말(damn을 말함).

10) thistles: 엉겅퀴.

11) lupins: (콩과 식물) 루핀.

12) paddle: 발로 흙을 파헤치다. 얕은 여울을 첨벙첨벙 건너다.

13) belied: 잘못 전하다(나타내다), (약속·기대)를 어기다, 실망시키다.

the letter from, Carl?"

He frowned quickly. "How did you know there was a letter?"

She nodded her head in the boy's direction. "Big-Britches[14] Jody told me."

Jody was embarrassed.

His father looked down at him contemptuously. "He is getting to be a Big-Britches," Carl said. "He's minding everybody's business but his own. Got his big nose into everything."

Mrs. Tiflin relented a little. "Well, he hasn't enough to keep him busy. Who's the letter from?"

Carl still frowned on Jody. "I'll keep him busy if he isn't careful." He held out a sealed letter. "I guess it's from your father."

Mrs. Tiflin took a hairpin from her head and slit open the flap. Her lips pursed judiciously. Jody saw her eyes snap* back and forth over the lines. "He says," she translated, "he says he's going to drive out Saturday to stay for a little while. Why, this is Saturday. The letter must have been delayed." She looked at the postmark. "This was mailed day before yesterday. It should have been here yesterday." She looked up questioningly at her husband, and then her face darkened angrily. "Now what have you got that look on you for? He doesn't come often."

Carl turned his eyes away from her anger. He could be stern with her most of the time, but when occasionally her temper arose, he could not combat it.

"What's the mater with you?" she demanded again.

In his explanation there was a tone of apology Jody himself might have used. "It's just that he talks," Carl said lamely. "Just talks."

"Well, what of it? You talk yourself."

"Sure I do. But your father only talks about one thing."

"Indians!" Jody broke in excitedly. "Indians and crossing the plains!"

Carl turned fiercely on him. "You get out, Mr. Big Britches! Go on, now! Get out!"

Jody went miserably out the back door and closed the screen with

14) Big-Britches: (too big for one's britches); 아는 체하는 사람(촉새).

elaborate quietness[15]. Under the kitchen window his shamed, downcast eyes fell upon a curiously shaped stone, a stone of such fascination that he squatted down and picked it up and turned it over in his hands.

The voices came clearly to him through the open kitchen window. "Jody's damn well right," he heard his father say. "Just Indians and crossing the plains. I've heard that story about how the horses got driven off about a thousand times. He just goes on and on, and he never changes a word in the things he tells."

When Mrs. Tiflin answered her tone was so changed that Jody, outside the window, looked up from his study of the stone. Her voice had become soft and explanatory. Jody knew how her face would have changed to match the tone. She said quietly, "Look at it this way, Carl. That was the big thing in my father's life. He led a wagon train[16] clear across the plains to the coast, and when it was finished, his life was done. It was a big thing to do, but it didn't last long enough. Look!" she continued, "it's as though he was born to do that, and after he finished it, there wasn't anything more for him to do but think about it and talk about it. If there'd been any farther west to go, he'd have gone. He's told me so himself. But at last there was the ocean. He lives right by the ocean where he had to stop."

She had caught Carl, caught him and entangled him in her soft tone.

"I've seen him." he agreed quietly. "He goes down and stares off west over the ocean." His voice sharpened a little. "And then he goes up to the Horseshoe Club in Pacific Grove, and he tells people how the Indians drove off the horses."

She tried to catch him again. "Well, it's everything to him. You might be patient with him and pretend to listen."

Carl turned impatiently away. "Well, if it gets too bad, I can always go down to the bunkhouse and sit with Billy," he said irritably. He walked through the house and slammed the front door after him.

Jody ran to his chores. He dumped the grain to the chickens without

15) with elaborate quietness: 짐짓 가만히.

16) wagon train: 짐마차의 행렬.

chasing any of them. He gathered the eggs from the nests. He trotted into the house with the wood and interlaced it so carefully in the wood-box that two armloads seemed to fill it to overflowing.

His mother had finished the beans by now. She stirred up the fire and brushed off the stove-top with a turkey wing. Jody peered cautiously at her to see whether any rancor[17] toward him remained. "Is he coming today?" Jody asked.

"That's what his letter said."

"Maybe I better walk up the road to meet him."

Mrs. Tiflin clanged the stove-lid shut. "That would be nice," she said. "He'd probably like to be met."

"I guess I'll just do it then."

Outside, Jody whistled shrilly to the dogs. "Come on up the hill," he commanded. The two dogs waved their tails and ran ahead. Along the roadside the sage had tender new tips. Jody tore off some pieces and rubbed them on his hands until the air was filled with the sharp wild smell. With a rush the dogs leaped from the road and yapped into the brush after a rabbit. That was the last Jody saw of them, for when they failed to catch the rabbit, they went back home.

Jody plodded on up the hill toward the ridge top. When he reached the little cleft where the road came through, the afternoon wind struck him and blew up his hair and ruffled his shirt. He looked down on the little hills and ridges below and then out at the huge green Salinas Valley. He could see the white town of Salinas far out in the flat and the flash of its windows under the waning sun. Directly below him, in an oak tree, a crow congress had convened[18]. The tree was black with crows all cawing[19] at once.

Then Jody's eyes followed the wagon road down from the ridge where he stood, and lost it behind a hill, and picked it up again on the other side. On that distant stretch he saw a cart slowly pulled by

17) rancer: 원한, 적의.
18) convened: 회합하였다, 모였다.
19) cawing: 깍깍 울고 있는.

a bay horse. It disappeared behind the hill. Jody sat down on the ground and watched the place where the cart would reappear again. The wind sang on the hilltops and the puff-ball clouds hurried eastward.

Then the cart came into sight and stopped. A man dressed in black dismounted from the seat and walked to the horse's head. Although it was so far away, Jody knew he had unhooked the check-rein, for the horse's head dropped forward. The horse moved on, and the man walked slowly up the hill beside it. Jody gave a glad cry and ran down the road toward them. The squirrels bumped along off the road, and a road-runner[20)] flirted its tail and raced over the edge of the hill and sailed out like a glider.

Jody tried to leap into the middle of his shadow at every step. A stone rolled under his foot and he went down. Around a little bend he raced, and there, a short distance ahead, were his grandfather and the cart. The boy dropped from his unseemly running and approached at a dignified walk.

The horse plodded stumble-footedly[21)] up the hill and the old man walked beside it. In the lowering sun their giant shadows flickered darkly behind them. The grandfather was dressed in a black broadcloth suit and he wore kid congress gaiters[22)] and a black tie on a short, hard collar. He carried his black slouch hat in his hand. His white beard was cropped close and his white eyebrows overhung his eyes like moustaches. The blue eyes were sternly merry. About the whole face and figure there was a granite dignity[23)], so that every motion seemed an impossible thing. Once at rest, it seemed the old man would be stone, would never move again. His steps were slow and certain. Once made, no step could ever be retraced; once headed in a direction, the path would never bend nor the pace increase nor slow.

When Jody appeared around the bend, Grandfather waved his hat slowly in welcome, and he called, "Why, Jody! Come down to meet

---

20) road runner: 뜸부기 종류의 조류, 지상을 질주하는 새.

21) stumble-footedly: 비틀거리며.

22) congress gaiters: 목이 긴 고무 구두.

23) granite dignity: (태도 따위가) 화강암처럼 무게 있는 모습.

me, have you?"

Jody sidled near and turned and matched his step to the old man's step and stiffened his body and dragged his heels a little. "Yes, sir," he said. "We got your letter only today."

"Should have been here yesterday," said Grandfather. "It certainly should. How are all the folks?"

"They're fine, sir." He hesitated and then suggested shyly, "Would you like to come on a mouse hunt tomorrow, sir?"

"Mouse hunt, Jody?" Grandfather chuckled. "Have the people of this generation come down to hunting mice? They aren't very strong, the new people, but I hardly thought mice would be game for them."

"No, sir. It's just play. The haystack's gone. I'm going to drive out the mice to the dogs. And you can watch, or even beat the hay a little."

The stern, merry eyes turned down on him. "I see. You don't eat them, then. You haven't come to that yet."

Jody explained, "The dogs eat them, sir. It wouldn't be much like hunting Indians, I guess."

"No, not much — but then later, when the troops were hunting Indians and shooting children and burning teepees[24], it wasn't much different from our mouse hunt."

They topped the rise and started down into the ranch cup, and they lost the sun from their shoulders. "You've grown," Grandfather said. "Nearly an inch, I should say."

"More," Jody boasted. "Where they mark me on the door, I'm up more than an inch since Thanksgiving even."

Grandfather's rich throaty voice said, "Maybe you're getting too much water and turning to pith and stalk[25]. Wait until you head out[26], and then we'll see."

Jody looked quickly into the man's face to see whether his feelings should be hurt, but there was no will to injure, no punishing nor

24) teepees(tepee, tipi): 아메리카 인디언의 원뿔형 천막집.
25) pith and stalk: 골수와 사지(물컹이).
26) head out: 성숙하다.

putting-in-your-place light[27)] in the keen blue eyes. "We might kill a pig," Jody suggested.

"Oh, no! I couldn't let you do that. You're just humoring me. It isn't the time and you know it."

"You know Riley, the big boar, sir?"

"Yes. I remember Riley well."

"Well, Riley ate a hole into that same haystack, and it fell down on him and smothered him."

"Pigs do that when they can," said Grandfather.

"Riley was a nice pig, for a boar[28)], sir. I rode him sometimes, and he didn't mind."

A door slammed at the house below them, and they saw Jody's mother standing on the porch waving her apron in welcome. And they saw Carl Tiflin walking up from the barn to be at the house for the arrival.

The sun had disappeared from the hills by now. The blue smoke from the house chimney hung in flat layers in the purpling ranch-cup. The puff-ball clouds, dropped by the falling wind, hung listlessly in the sky.

Billy Buck came out of the bunkhouse and flung a wash basin of soapy water on the ground. He had been shaving in mid-week, for Billy held Grandfather in reverence, and Grandfather said that Billy was one of the few men of the new generation who had not gone soft[29)]. Although Billy was in middle age, Grandfather considered him a boy. Now Billy was hurrying toward the house too.

When Jody and Grandfather arrived, the three were waiting for them in front of the yard gate.

Carl said, "Hello, sir. We've been looking for you."

Mrs. Tiflin kissed Grandfather on the side of his beard, and stood still while his big hand patted her shoulder. Billy shook hands solemnly, grinning under his straw moustache. "I'll put up your horse," said Billy,

27) putting-in-your-place light: 분수를 알라고 핀잔을 주는듯한 눈빛.
28) boar: 거세하지 않은 수퇘지.
29) gone soft: 어수룩해진, 물썽한.

and he led the rig[30] away.

Grandfather watched him go, and then, turning back to the group, he said as he had said a hundred times before, "There's a good boy. I knew his father, old Mule-tail Buck. I never knew why they called him Mule-tail except he packed mules."

Mrs. Tiflin turned and led the way into the house. "How long are you going to stay, Father? Your letter didn't say."

"Well, I don't know. I thought I'd stay about two weeks. But I never stay as long as I think I'm going to."

In a short while they were sitting at the white oilcloth table eating their supper. The lamp with the tin reflector hung over the table. Outside the dining-room windows the big moths battered softly against the glass.

Grandfather cut his steak into tiny pieces and chewed slowly. "I'm hungry," he said. "Driving out here got my appetite up. It's like when we were crossing. We all got so hungry every night we could hardly wait to let the meat get done. I could eat about five pounds of buffalo meat every night."

"It's moving around does it," said Billy. "My father was a government packer. I helped him when I was a kid. Just the two of us could about clean up a deer's ham."

"I knew your father, Billy," said Grandfather. "A fine man he was. They called him Mule-tail Buck. I don't know why except he packed mules."

"That was it," Billy agreed. "He packed mules."

Grandfather put down his knife and fork and looked around the table. "I remember one time we ran out of meat — " His voice dropped to a curious low sing-song[31], dropped into a tonal groove[32] the story had worn for itself. "There was no buffalo, no antelope, not even rabbits. The hunters couldn't even shoot a coyote. That was the time for the leader to be on the watch. I was the leader, and I kcpt my

30) rig: 말을 맨 마차.

31) sing-song: 억양이 없는 단조로운 말투.

32) tonal groove: 음조의 관례(판에 박힌 음조).

eyes open. Know why? Well, just the minute the people began to get hungry they'd start slaughtering the team oxen. Do you believe that? I've heard of parties that just ate up their draft cattle[33]. Started from the middle and worked toward the ends. Finally they'd eat the lead pair, and then the wheelers[34]. The leader of a party had to keep them from doing that."

In some manner a big moth got into the room and circled the hanging kerosene lamp. Billy got up and tried to clap it between his hands. Carl struck with a cupped palm and caught the moth and broke it. He walked to the window and dropped it out.

"As I was saying," Grandfather began again, but Carl interrupted him. "You'd better eat some more meat. All the rest of us are ready for our pudding."

Jody saw a flash of anger in his mother's eyes. Grandfather picked up his knife and fork. "I'm pretty hungry, all right," he said. "I'll tell you about that later."

When supper was over, when the family and Billy Buck sat in front of the fireplace in the other room, Jody anxiously watched Grandfather. He saw the signs he knew. The bearded head leaned forward; the eyes lost their sternness and looked wonderingly into the fire; the big lean fingers laced themselves on the black knees. "I wonder," he began, "I just wonder whether I ever told you how those thieving Piutes[35] drove off thirty-five of our horses."

"I think you did," Carl interrupted. "Wasn't it just before you went up into the Tahoe country?"

Grandfather turned quickly toward his son-in-law. "That's right. I guess I must have told you that story."

"Lots of times," Carl said cruelly, and he avoided his wife's eyes. But he felt the angry eyes on him, and he said, "'Course I'd like to hear it again."

33) draft cattle: 수레를 끄는(견인용의) 소.

34) wheelers: (마차의) 후미의 소, 뒷말.

35) Piutes(Paiutes): 파이우트 족; 미국 서부에서 주로 사는 북아메리카 인디언의 한 부족.

Grandfather looked back at the fire. His fingers unlaced and laced[36] again. Jody knew how he felt, how his insides were collapsed and empty. Hadn't Jody been called a Big-Britches that very afternoon? He arose to heroism and opened himself to the term Big-Britches again. "Tell about Indians," he said softly.

Grandfather's eyes grew stern again. "Boys always want to hear about Indians. It was a job for men, but boys want to hear about it. Well, let's see. Did I ever tell you how I wanted each wagon to carry a long iron plate?"

Everyone but Jody remained silent. Jody said, "No. You didn't."

"Well, when the Indians attacked, we always put the wagons in a circle and fought from between the wheels. I thought that if every wagon carried a long plate with rifle holes, the men could stand the plates on the outside of the wheels when the wagons were in the circle and they would be protected. It would save lives and that would make up for the extra weight of the iron. But of course the party wouldn't do it. No party had done it before and they couldn't see why they should go to the expense. They lived to regret it, too."

Jody looked at his mother, and knew from her expression that she was not listening at all. Carl picked at a callus[37] on his thumb and Billy Buck watched a spider crawling up the wall.

Grandfather's tone dropped into its narrative groove again. Jody knew in advance exactly what words would fall. The story droned[38] on, speeded up for the attack, grew sad over the wounds, struck a dirge[39] at the burials on the great plains. Jody sat quietly watching Grandfather. The stern blue eyes were detached. He looked as though he were not very interested in the story himself.

When it was finished, when the pause had been politely respected as the frontier of the story, Billy Buck stood up and stretched and hitched[40] his trousers. "I guess I'll turn in," he said. Then he faced

36) unlaced and laced: 깍지를 풀었다 끼었다 했다.

37) callus: 단단해진 피부, 못.

38) droned: 단조롭게 이어졌다.

39) struck a dirge: 만가가 울려 퍼졌다.

Grandfather. "I've got an old powder horn[41] and a cap and ball[42] pistol down to the bunkhouse. Did I ever show them to you?"

Grandfather nodded slowly. "Yes, I think you did, Billy. Reminds me of a pistol I had when I was leading the people across." Billy stood politely until the little story was done, and then he said, "Good night," and went out of the house.

Carl Tiflin tried to turn the conversation then. "How's the country between here and Monterey? I've heard it's pretty dry."

"It is dry," said Grandfather. "There's not a drop of water in the Laguna Seca[43]. But it's a long pull[44] from '87. The whole country was powder then, and in '61 I believe all the coyotes starved to death. We had fifteen inches of rain this year."

"Yes, but it all came too early. We could do with some now." Carl's eyes fell on Jody. "Hadn't you better be getting to bed?"

Jody stood up obediently. "Can I kill the mice in the old haystack, sir?"

"Mice? Oh! Sure, kill them all off. Billy said there isn't any good hay left."

Jody exchanged a secret and satisfying look with Grand-father. "I'll kill every one tomorrow," he promised.

Jody lay in his bed and thought of the impossible world of Indians and buffaloes, a world that had ceased to be forever. He wished he could have been living in the heroic time, but he knew he was not of heroic timber. No one living now, save possibly Billy Buck, was worthy to do the things that had been done. A race of giants had lived then, fearless men, men of a staunchness[45] unknown in this day. Jody thought of the wide plains and of the wagons moving across like centipedes. He thought of Grandfather on a huge white horse, marshaling[46] the people.

---

40) hitched: 치켜 올렸다.
41) powder horn: 화약통.
42) cap and ball: 뇌관이 달린 탄알; percussion on cap and ball.
43) Laguna Seca: (스페인어) 세카 호수.
44) long pull: (술 등의) 덤. 여기에서는 덤에 불과한 가뭄.
45) staunchness: 철두철미함, 충실함.

Across his mind marched the great phantoms, and they marched off the earth and they were gone.

He came back to the ranch for a moment, then. He heard the dull rushing sound that space and silence make. He heard one of the dogs, out in the doghouse, scratching a flea and bumping his elbow against the floor with every stroke. Then the wind arose again and the black cypress groaned and Jody went to sleep.

He was up half an hour before the triangle sounded for breakfast. His mother was rattling the stove to make the flames roar when Jody went through the kitchen. "You're up early," she said. "Where are you going?"

"Out to get a good stick. We're going to kill the mice today."

"Who is 'we'?"

"Why, Grandfather and I."

"So you've got him in it. You always like to have someone in with you in case there's blame to share."

"I'll be right back," said Jody. "I just want to have a good stick ready for after breakfast."

He closed the screen door after him and went out into the cool blue morning. The birds were noisy in the dawn and the ranch cats came down from the hill like blunt snakes. They had been hunting gophers in the dark, and although the four cats were full of gopher meat, they sat in a semi-circle at the back door and mewed piteously for milk. Doubletree Mutt and Smasher moved sniffing along the edge of the brush, performing the duty with rigid ceremony[47], but when Jody whistled, their heads jerked up and their tails waved. They plunged down to him, wriggling[48] their skins and yawning. Jody patted their heads seriously, and moved on to the weathered scrap[49] pile. He selected an old broom handle and a short piece of inch-square scrap wood. From his pocket he took a shoelace and tied the ends of the sticks loosely

46) marshaling: 인도하는, 집합시키는.

47) with rigid ceremony: 예의 바르게.

48) wriggling: 꿈틀거리며.

49) scrap: 폐물, 쇠 부스러기, 토막.

together to make a flail. He whistled his new weapon through the air and struck the ground experimentally, while the dogs leaped aside and whined with apprehension.

Jody turned and started down past the house toward the old haystack ground to look over the field of slaughter, but Billy Buck, sitting patiently on the back steps, called to him, "You better come back. It's only a couple of minutes till breakfast."

Jody changed his course and moved toward the house. He leaned his flail against the steps. "That's to drive the mice out," he said. "I'll bet they're fat. I'll bet they don't know what's going to happen to them today."

"No, nor you either," Billy remarked philosophically[50], "nor me, nor anyone."

Jody was staggered[51] by this thought. He knew it was true. His imagination twitched away[52] from the mouse hunt. Then his mother came out on the back porch and struck the triangle, and all thoughts fell in a heap.

Grandfather hadn't appeared at the table when they sat down. Billy nodded at his empty chair. "He's all right? He isn't sick?"

"He takes a long time to dress," said Mrs. Tiflin. "He combs his whiskers and rubs up his shoes and brushes his clothes."

Carl scattered sugar on his mush. "A man that's led a wagon train across the plains has got to be pretty careful how he dresses."

Mrs. Tiflin turned on him. "Don't do that, Carl! Please don't!" There was more of threat than of request in her tone. And the threat irritated Carl.

"Well, how many times do I have to listen to the story of the iron plates, and the thirty-five horses? That time's done. Why can't he forget it, now it's done?" He grew angrier while he talked, and his voice rose. "Why does he have to tell them over and over? He came across

50) philosophically: 달관하여 깨달은 것처럼.
51) staggered: 깜짝 놀랐다, 비틀거렸다.
52) twitched away: 홱 달아났다, 잡아챘다.

the plains. All right! Now it's finished. Nobody wants to hear about it over and over."

The door into the kitchen closed softly. The four at the table sat frozen. Carl laid his mush spoon on the table and touched his chin with his fingers.

Then the kitchen door opened and Grandfather walked in. His mouth smiled tightly and his eyes were squinted.

"Good morning," he said, and he sat down and looked at his mush dish.

Carl could not leave it there. "Did — did you hear what I said?"

Grandfather jerked a little nod.

"I don't know what got into me, sir. I didn't mean it. I was just being funny."

Jody glanced in shame at his mother, and he saw that she was looking at Carl, and that she wasn't breathing. It was an awful thing that he was doing. He was tearing himself to pieces to talk like that. It was a terrible thing to him to retract[53] a word, but to retract it in shame was infinitely worse.

Grandfather looked sidewise. "I'm trying to get right side up," he said gently. "I'm not being mad. I don't mind what you said, but it might be true, and I would mind that."

"It isn't true," said Carl. "I'm not feeling well this morning. I'm sorry I said it."

"Don't be sorry, Carl. An old man doesn't see things sometimes. Maybe you're right. The crossing is finished. Maybe it should be forgotten, now it's done."

Carl got up from the table. "I've had enough to eat. I'm going to work. Take your time, Billy!" He walked quickly out of the dining-room. Billy gulped the rest of his food and followed soon after. But Jody could not leave his chair.

"Won't you tell any more stories?" Jody asked.

"Why, sure I'll tell them, but only when — I'm sure people want

53) retract: (앞서 한 말을) 취소하다.

to hear them."

"I like to hear them, sir."

"Oh! Of course you do, but you're a little boy. It was a job for men, but only little boys like to hear about it."

Jody got up from his place. "I'll wait outside for you, sir. I've got a good stick for those mice."

He waited by the gate until the old man came out on the porch. "Let's go down and kill the mice now," Jody called.

"I think I'll just sit in the sun, Jody. You go kill the mice."

"You can use my stick if you like."

"No, I'll just sit here a while."

Jody turned disconsolately away, and walked down toward the old haystack. He tried to whip up his enthusiasm with thoughts of the fat juicy mice. He beat the ground with his flail[54]. The dogs coaxed and whined about him, but he could not go. Back at the house he could see Grandfather sitting on the porch, looking small and thin and black.

Jody gave up and went to sit on the steps at the old man's feet.

"Back already? Did you kill the mice?"

"No, sir. I'll kill them some other day."

The morning flies buzzed close to the ground and the ants dashed about in front of the steps. The heavy smell of sage slipped down the hill. The porch boards[55] grew warm in the sunshine.

Jody hardly knew when Grandfather started to talk. "I shouldn't stay here, feeling the way I do." He examined his strong old hands. "I feel as though the crossing wasn't worth doing." His eyes moved up the side-hill and stopped on a motionless hawk perched on a dead limb. "I tell those old stories, but they're not what I want to tell. I only know how I want people to feel when I tell them.

"It wasn't Indians that were important, nor adventures, nor even getting out here. It was a whole bunch of people made into one big crawling beast. And I was the head. It was westering and westering. Every

54) flail: 도리깨.

55) porch boards: 현관의 마루판자.

man wanted something for himself, but the big beast that was all of them wanted only westering. I was the leader, but if I hadn't been there, someone else would have been the head. The thing had to have a head."

Under the little bushes the shadows were black at white noonday. When we saw the mountains at last, we cried — all of us. But it wasn't getting here that mattered, it was movement and westering.

"We carried life out here and set it down the way those ants carry eggs. And I was the leader. The westering was as big as God, and the slow steps that made the movement piled up and piled up until the continent was crossed.

"Then we came down to the sea, and it was done." He stopped and wiped his eyes until the rims were red. "That's what I should be telling instead of stories."

When Jody spoke, Grandfather started and looked down at him. "Maybe I could lead the people some day," Jody said.

The old man smiled "There's no place to go. There's the ocean to stop you. There's a line of old men along the shore hating the ocean because it stopped them."

"In boats I might, sir."

"No place to go, Jody. Every place is taken. But that's not the worst — no, not the worst. Westering has died out of the people. Westering isn't a hunger any more. It's all done. Your father is right. It is finished." He laced his fingers on his knee and looked at them.

Jody felt very sad. "If you'd like a glass of lemonade I could make it for you."

Grandfather was about to refuse, and then he saw Jody's face. "That would be nice," he said. "Yes, it would be nice to drink a lemonade."

Jody ran into the kitchen where his mother was wiping the last of the breakfast dishes. "Can I have a lemon to make a lemonade for Grandfather?"

His mother mimicked — "And another lemon to make a lemonade for you."

"No, ma'am. I don't want one."

"Jody! You're sick!" Then she stopped suddenly. "Take a lemon out of the cooler," she said softly. "Here, I'll reach the squeezer down to you."

# The Chrysanthemums

The high grey-flannel fog[1)] of winter closed off the Salinas Valley from the sky and from all the rest of the world. On every side it sat like a lid on the mountains and made of the great valley a closed pot. On the broad, level land floor the gang plows bit deep and left the black earth shining like metal where the shares had cut. On the foothill ranches across the Salinas River, the yellow stubble fields seemed to be bathed in pale cold sunshine, but there was no sunshine in the valley now in December. The thick willow scrub[2)] along the river flamed with sharp and positive yellow leaves.

It was a time of quiet and of waiting. The air was cold and tender. A light wind blew up from the southwest so that the farmers were mildly hopeful of a good rain before long; but fog and rain do not go together.

Across the river, on Henry Allen's foothill ranch there was little work to be done, for the hay was cut and stored and the orchards were plowed up to receive the rain deeply when it should come. The cattle

1) grey-flannel fog: 털이 보풀보풀 일어나고 촉감이 부드러운 플란넬을 연상시키는 듯한 잿빛 안개.

2) willow scrub: 버드나무 숲.

on the higher slopes were becoming shaggy[3] and rough-coated.

Elisa Allen, working in her flower garden, looked down across the yard and saw Henry, her husband, talking to two men in business suits. The three of them stood by the tractor shed, each man with one foot on the side of the little Fordson. They smoked cigarettes and studied the machine as they talked.

Elisa watched them for a moment and then went back to her work. She was thirty-five. Her face was lean and strong and her eyes were as clear as water. Her figure looked blocked and heavy in her gardening costume, a man's black hat pulled low down over her eyes, clod-hopper[4] shoes, a figured print dress almost completely covered by a big corduroy[5] apron with four big pockets to hold the snips, the trowel and scratcher[6], the seeds and the knife she worked with. She wore heavy leather gloves to protect her hands while she worked.

She was cutting down the old year's chrysanthemum[7] stalks with a pair of short and powerful scissors. She looked down toward the men by the tractor shed now and then. Her face was eager and mature and handsome; even her work with the scissors was over-eager, over-powerful. The chrysanthemum stems seemed too small and easy for her energy.

She brushed a cloud of hair[8] out of her eyes with the back of her glove, and left a smudge[9] of earth on her cheek in doing it. Behind her stood the neat white farm house with red geraniums close-banked around it as high as the windows. It was a hard-swept looking little house with hard-polished windows, and a clean mud-mat on the front steps.

Elisa cast another glance toward the tractor shed. The strangers were

3) shaggy: 거친 털의, 털이 텁수룩한. (opp. smooth).
4) clod-hopper: (투박하고 무거운) 주로 농부들이 일을 할 때 신는 신발.
5) corduroy: 코르덴, 골이 진.
6) the snips, the trowel and scratcher: 가위, 모종삽과 갈퀴.
7) chrysanthemum: 국화, (구어) mum.
8) a cloud of hair: 한 웅큼의 머리카락.
9) smudge: 얼룩, 오점, 더러움.

getting into their Ford coupe. She took off a glove and put her strong fingers down into the forest of new green chrysanthemum sprouts that were growing around the old roots. She spread the leaves and looked down among the close-growing stems. No aphids[10] were there, no sowbugs or snails or cutworms[11]. Her terrier fingers destroyed such pests before they could get started.

Elisa started at the sound of her husband's voice. He had come near quietly, and he leaned over the wire fence that protected her flower garden from cattle and dogs and chickens.

"At it again," he said. "You've got a strong new crop coming."

Elisa straightened her back and pulled on the gardening glove again. "Yes. They'll be strong this coming year." In her tone and on her face there was a little smugness[12].

"You've got a gift with things,"[13] Henry observed. "Some of those yellow chrysanthemums you had this year were ten inches across. I wish you'd work out in the orchard and raise some apples that big."

Her eyes sharpened. "Maybe I could do it, too. I've a gift with things, all right. My mother had it. She could stick anything in the ground and make it grow. She said it was having planters' hands that knew how to do it."

"Well, it sure works with flowers," he said.

"Henry, who were those men you were talking to?"

"Why, sure, that's what I came to tell you. They were from the Western Meat Company. I sold those thirty head of three-year-old steers[14]. Got nearly my own price, too."

"Good," she said. "Good for you."

"And I thought," he continued, "I thought how it's Saturday afternoon, and we might go into Salinas for dinner at a restaurant, and

10) aphids: 진딧물. (aphid= aphis).

11) sowbugs or snails or cutworms: 쥐며느리(1cm 정도의 질시동물)나 달팽이 혹은 뿌리를 잘라먹는 벌레들.

12) smugness: 새침 떼거나 젠 체하는 모양새를 나타냄.

13) a gift with things: 작물들을 다루는 재능.

14) steers: 수송아지.

then to a picture show — to celebrate, you see."

"Good," she repeated. "Oh, yes. That will be good."

Henry put on his joking tone. "There's fights tonight. How'd you like to go to the fights?"

"Oh, no," she said breathlessly. "No, I wouldn't like fights."

"Just fooling, Elisa. We'll go to a movie. Let's see. It's two now. I'm going to take Scotty and bring down those steers from the hill. It'll take us maybe two hours. We'll go in town about five and have dinner at the Cominos Hotel. Like that?"

"Of course I'll like it. It's good to eat away from home."

"All right, then. I'll go get up a couple of horses."

She said, "I'll have plenty of time to transplant some of these sets, I guess."

She heard her husband calling Scotty down by the barn. And a little later she saw the two men ride up the pale yellow hillside in search of the steers.

There was a little square sandy bed kept for rooting the chrysanthemums. With her trowel she turned the soil over and over, and smoothed it and patted it firm. Then she dug ten parallel trenches to receive the sets. Back at the chrysanthemum bed she pulled out the little crisp shoots,[15] trimmed off the leaves of each one with her scissors and laid it on a small orderly pile.

A squeak[16] of wheels and plod of hoofs came from the road. Elisa looked up. The country road ran along the dense bank of willows and cottonwoods[17] that bordered the river, and up this road came a curious vehicle, curiously drawn. It was an old spring-wagon, with a round canvas top on it like cover of a prairie schooner[18]. It was drawn by an old bay horse and a little grey-and-white burro[19]. A big stubble-bearded man sat between the cover flaps and drove the crawling team. Underneath

15) crisp shoots: 잎이 말라버린 어린가지나 새싹.
16) squeak: (바퀴나 구두 등이) 삐걱삐걱거리는 소리.
17) cottonwoods: 사시나무(백양나무).
18) prairie schooner: 포장마차.
19) burro: 당나귀, (특히 짐을 나르는 )작은 당나귀.

the wagon, between the hind wheels, a lean and rangy mongrel dog walked sedately[20]. Words were painted on the canvas, in clumsy, crooked letters. "Pots, pans, knives, sisors, lawn mores[21], Fixed." Two rows of articles, and the triumphantly definitive "Fixed" below. The black paint had run down in little sharp points beneath each letter.

Elisa, squatting on the ground, watched to see the crazy, loose-jointed wagon pass by. But it didn't pass. It turned into the farm road in front of her house, crooked old wheels skirling[22] and squeaking. The rangy dog darted from between the wheels and ran ahead. Instantly the two ranch shepherds flew out at him. Then all three stopped, and with stiff and quivering tails, with taut[23] straight legs, with ambassadorial dignity, they slowly circled, sniffing daintily. The caravan pulled up to Elisa's wire fence and stopped. Now the newcomer dog, feeling out-numbered, lowered his tail and retired under the wagon with raised hackles[24] and bared teeth.

The man on the wagon seat called out, "That's a bad dog in a fight when he gets started."

Elisa laughed. "I see he is. How soon does he generally get started?"

The man caught up her laughter and echoed it heartily. "Sometimes not for weeks and weeks," he said. He climbed stiffly down, over the wheel. The horse and the donkey drooped like unwatered flowers.

Elisa saw that he was a very big man. Although his hair and beard were greying, he did not look old. His worn black suit was wrinkled and spotted with grease. The laughter had disappeared from his face and eyes the moment his laughing voice ceased. His eyes were dark, and they were full of the brooding that gets in the eyes of teamsters and of sailors. The calloused hands he rested on the wire fence were cracked, and every crack was a black line. He took off his battered[25]

20) sedately: 침착하게, 조용하게.
21) mores: mowers(잔디 깎는 기계)의 잘못된 표기.
22) skirling: (skirl=shriek): (삐익삐익하는) 날카로운 소리를 내는.
23) taut: 단정한, 긴장된, 엄격한; 팽팽하게 당겨진.
24) hackles:(*pl.*) (위험을 당하여) 개나 수탉이 곤추세우는 털.
25) battered: (모자, 문 따위를) 쳐서 쭈그러뜨린, 난폭하게 다루어 상하게 한.

hat.

"I'm off my general road, ma'am," he said. "Does this dirt road cut over across the river to the Los Angeles highway?"

Elisa stood up and shoved the thick scissors in her apron pocket. "Well, yes, it does, but it winds[26] around and then fords[27] the river. I don't think your team could pull through the sand."

He replied with some asperity, "It might surprise you what them beasts can pull through."

"When they get started?" she asked.

He smiled for a second. "Yes. When they get started."

"Well," said Elisa, "I think you'll save time if you go back to the Salinas road and pick up the highway there."

He drew a big finger down the chicken wire and made it sing. "I ain't in any hurry, ma'am. I go from Seattle to San Diego and back every year. Takes all my time. About six months each way. I aim to follow nice weather."

Elisa took off her gloves and stuffed them in the apron pocket with the scissors. She touched the under edge of her man's hat, searching for fugitive hairs. "That sounds like a nice kind of a way to live," she said.

He leaned confidentially over the fence. "Maybe you noticed the writing on my wagon. I mend pots and sharpen knives and scissors. You got any of them things to do?"

"Oh, no," she said quickly. "Nothing like that." Her eyes hardened with resistance.

"Scissors is the worst thing," he explained. "Most people just ruin scissors trying to sharpen 'em, but I know how. I got a special tool. It's a little bobbit[28] kind of thing, and patented. But it sure does the trick."

"No. My scissors are all sharp."

---

26) winds: (강이나 길이) 꼬불꼬불 구부러지다, 굽이치다.

27) fords: (개울이나 여울목 등을) 걸어서 건너다.

28) bobbit: 특수 다목적 도구.

"All right, then. Take a pot," he continued earnestly, "a bent pot, or a pot with a hole. I can make it like new so you don't have to buy no new ones. That's a savings for you."

"No," she said shortly. "I tell you I have nothing like that for you to do."

His face fell to an exaggerated[29] sadness. His voice took on a whining undertone. "I ain't had a thing to do today. Maybe I won't have no supper tonight. You see I'm off my regular road. I know folks on the highway clear from Seattle to San Diego. They save their things for me to sharpen up because they know I do it so good and save them money."

"I'm sorry," Elisa said irritably. "I haven't anything for you to do."

His eyes left her face and fell to searching the ground. They roamed about until they came to the chrysanthemum bed where she had been working. "What's them plants, ma'am?"

The irritation and resistance melted from Elisa's face. "Oh, those are chrysanthemums, giant whites and yellows. I raise them every year, bigger than anybody around here."

"Kind of a long-stemmed flower? Looks like a quick puff of colored smoke?" he asked.

"That's it. What a nice way to describe them."

"They smell kind of nasty till you get used to them," he said.

"It's a good bitter smell," she retorted, "not nasty at all."

He changed his tone quickly, "I like the smell myself."

"I had ten-inch blooms this year," she said.

The man leaned farther over the fence. "Look. I know a lady down the road a piece, has got the nicest garden you ever seen. Got nearly every kind of flower but no chrysanthemums. Last time I was mending a copper-bottom washtub[30] for her (that's a hard job but I do it good), she said to me, 'If you ever run acrost some nice chrysanthemums I wish you'd try to get me a few seeds.' That's what she told me."

29) exaggerated: 과장된, 지나친.
30) washtub: 세탁용 대야, 빨래통.

Elisa's eyes grew alert and eager. "She couldn't have known much about chrysanthemums. You *can* raise them from seed, but it's much easier to root the little sprouts you see there."

"Oh," he said. "I s'pose I can't take none to her, then."

"Why yes you can," Elisa cried. "I can put some in damp sand, and you can carry them right along with you. They'll take root in the pot if you keep them damp. And then she can transplant them."

"She'd sure like to have some, ma'am. You say they're nice ones?"

"Beautiful," she said. "Oh, beautiful." Her eyes shone. She tore off[31] the battered hat and shook out her dark pretty hair. "I'll put them in a flower pot, and you can take them right with you. Come into the yard."

While the man came through the picket gate Elisa ran excitedly along the geranium-bordered path to the back of the house. And she returned carrying a big red flower pot. The gloves were forgotten now. She kneeled on the ground by the starting bed[32] and dug up the sandy soil with her fingers and scooped it into the bright new flower pot. Then she picked up the little pile of shoots she had prepared. With her strong fingers she pressed them into the sand and tamped around them with her knuckles. The man stood over her. "I'll tell you what to do," she said. "You remember so you can tell the lady."

"Yes, I'll try to remember."

"Well, look. These will take root in about a month. Then she must set them out, about a foot apart in good rich earth like this, see?" She lifted a handful of dark soil for him to look at. "They'll grow fast and tall. Now remember this: In July tell her to cut them down, about eight inches from the ground."

"Before they bloom?" he asked.

"Yes, before they bloom." Her face was tight with eagerness. "They'll grow right up again. About the last of September the buds will start."

31) tore off: 급히 벗었다.

32) starting bed: 싹을 틔우기 위해 만든 화단.

She stopped and seemed perplexed[33]. "It's the budding that takes the most care," she said hesitantly. "I don't know how to tell you." She looked deep into his eyes, searchingly. Her mouth opened a little, and she seemed to be listening. "I'll try to tell you," she said. "Did you ever hear of planting hands?"

"Can't say I have, ma'am."

"Well, I can only tell you what it feels like. It's when you're picking off the buds you don't want. Everything goes right down into your fingertips. You watch your fingers work. They do it themselves. You can feel how it is. They pick and pick the buds. They never make a mistake. They're with the plant. Do you see? Your fingers and the plant. You can feel that, right up your arm. They know. They never make a mistake. You can feel it. When you're like that you can't do anything wrong. Do you see that? Can you understand that?"

She was kneeling on the ground looking up at him. Her breast swelled passionately.

The man's eyes narrowed. He looked away self-consciously. "Maybe I know," he said. "Sometimes in the night in the wagon there — "

Elisa's voice grew husky. She broke in on him, "I've never lived as you do, but I know what you mean. When the night is dark — why, the stars are sharp-pointed[34], and there's quiet. Why, you rise and up! Every pointed star gets driven into your body. It's like that. Hot and sharp and — lovely."

Kneeling there, her hand went out toward his legs in the greasy black trousers. Her hesitant fingers almost touched the cloth. Then her hand dropped to the ground. She crouched low like a fawning[35] dog.

He said, "It's nice, just like you say. Only when you don't have no dinner, it ain't."

She stood up then, very straight, and her face was ashamed. She held the flower pot out to him and placed it gently in his arms. "Here.

33) perplexed: 어찌할 바를 모르는, 당혹한.

34) sharp-pointed: 광채를 발하는 모양을 나타내고 있음.

35) fawning: 귀염을 받으려고 아양을 부리는.

Put it in your wagon, on the seat, where you can watch it. Maybe I can find something for you to do."

At the back of the house she dug in the can pile and found two old and battered aluminum saucepans. She carried them back and gave them to him. "Here, maybe you can fix these."

His manner changed. He became professional. "Good as new I can fix them." At the back of his wagon he set a little anvil[36], and out of an oily tool box dug a small machine hammer. Elisa came through the gate to watch him while he pounded[37] out the dents in the kettles. His mouth grew sure and knowing. At a difficult part of the work he sucked his under-lip.

"You sleep right in the wagon?" Elisa asked.

"Right in the wagon, ma'am. Rain or shine I'm dry as a cow in there."

"It must be nice," she said. "It must be very nice. I wish women could do such things."

"It's ain't the right kind of a life for a woman."

Her upper lip raised a little, showing her teeth. "How do you know? How can you tell?" she said.

"I don't know, ma'am," he protested. "Of course I don't know. Now here's your kettles, done. You don't have to buy no new ones."

"How much?"

"Oh, fifty cents'll do. I keep my prices down and my work good. That's why I have all them satisfied customers up and down the highway."

Elisa brought him a fifty-cent piece from the house and dropped it in his hand. "You might be surprised to have a rival some time. I can sharpen scissors, too. And I can beat the dents[38] out of little pots. I could show you what a woman might do."

He put his hammer back in the oily box and shoved the little anvil

36) anvil: 달궈진 쇠를 올려놓고 두드릴 때 받침으로 쓰는 쇳덩이; 모루.

37) pounded: 세게 두들겼다.

38) dents: 움푹 팬 곳, 눌려서 들어간 곳.

out of sight. "It would be a lonely life for a woman, ma'am, and a scarey life, too, with animals creeping[39] under the wagon all night." He climbed over the singletree[40], steadying himself with a hand on the burro's white rump. He settled himself in the seat, picked up the lines. "Thank you kindly, ma'am," he said. "I'll do like you told me; I'll go back and catch the Salinas road."

"Mind," she called, "if you're long in getting there, keep the sand damp."

"Sand, ma'am? ... Sand? Oh, sure. You mean around the chrysanthemums. Sure I will." He clucked his tongue. The beasts leaned luxuriously into their collars. The mongrel[41] dog took his place between the back wheels. The wagon turned and crawled out the entrance road and back the way it had come, along the river.

Elisa stood in front of her wire fence watching the slow progress of the caravan. Her shoulders were straight, her head thrown back, her eyes half-closed, so that the scene came vaguely into them. Her lips moved silently, forming the words "Good-bye — good-bye." Then she whispered, "That's a bright direction. There's a glowing there." The sound of her whisper startled her. She shook herself free and looked about to see whether anyone had been listening. Only the dogs had heard. They lifted their heads toward her from their sleeping in the dust, and then stretched out their chins and settled asleep again. Elisa turned and ran hurriedly into the house.

In the kitchen she reached behind the stove and felt the water tank. It was full of hot water from the noonday cooking. In the bathroom she tore off her soiled clothes and flung them into the corner. And then she scrubbed herself with a little block of pumice[42], legs and thighs, loins[43] and chest and arms, until her skin was scratched and

39) creeping: 기어 돌아다니는, (구실거리는 느낌이)섬뜩한, 아첨하는.

40) singletree: whippletree: 마차의 성에 앞 끝에 가로로 박은 막대기. (두 끝에 줄을 매어 마차를 끌게 함); 물추리나무.

41) mongrel: (동·식물의) 잡종; (특히) 잡종 개, (경멸적) 혼혈아.

42) pumice: 작은 구멍이 많이 있고 단단하지 않은 가벼운 돌; 경석.

43) loins: (pl) 허리, 요부; (소 따위의) 허리고기.

red. When she had dried herself she stood in front of a mirror in her bedroom and looked at her body. She tightened her stomach and threw out her chest. She turned and looked over her shoulder at her back.

After a while she began to dress, slowly. She put on her newest underclothing and her nicest stockings and the dress which was the symbol of her prettiness. She worked carefully on her hair, penciled her eyebrows and rouged her lips.

Before she was finished she heard the little thunder of hoofs and the shouts of Henry and his helper as they drove the red steers into the corral. She heard the gate bang shut and set herself for Henry's arrival.

His step sounded on the porch. He entered the house calling, "Elisa, where are you?"

"In my room, dressing. I'm not ready. There's hot water for your bath. Hurry up. It's getting late."

When she heard him splashing in the tub, Elisa laid his dark suit on the bed, and shirt and socks and tie beside it. She stood his polished shoes on the floor beside the bed. Then she went to the porch and sat primly and stiffly down. She looked toward the river road where the willow-line was still yellow with frosted leaves so that under the high grey fog they seemed a thin band of sunshine. This was the only color in the grey afternoon. She sat unmoving for a long time. Her eyes blinked rarely.

Henry came banging out of the door, shoving[44] his tie inside his vest as he came. Elisa stiffened and her face grew tight. Henry stopped short and looked at her. "Why — why, Elisa. You look so nice!"

"Nice? You think I look nice? What do you mean by 'nice'?"

Henry blundered on. "I don't know. I mean you look different, strong and happy."

"I am strong? Yes, strong. What do you mean 'strong'?"

He looked bewildered. "You're playing some kind of a game," he said helplessly. "It's a kind of a play. You look strong enough to break

44) shoving: 떠밀며, 밀어제치며.

a calf over your knee, happy enough to eat it like a watermelon."

For a second she lost her rigidity. "Henry! Don't talk like that. You didn't know what you said." She grew complete again. "I'm strong," she boasted, "I never knew before how strong."

Henry looked down toward the tractor shed, and when he brought his eyes back to her, they were his own again. "I'll get out the car. You can put on your coat while I'm starting."

Elisa went into the house. She heard him drive to the gate and idle[45] down his motor, and then she took a long time to put on her hat. She pulled it here and pressed it there. When Henry turned the motor off she slipped into her coat and went out.

The little roadster bounced along on the dirt road by the river, raising the birds and driving the rabbits into the brush. Two cranes flapped heavily over the willow-line and dropped into the river-bed[46].

Far ahead on the road Elisa saw a dark speck. She knew.

She tried not to look as they passed it, but her eyes would not obey. She whispered to herself sadly, "He might have thrown them off the road. That wouldn't have been much trouble, not very much. But he kept the pot," she explained. "He had to keep the pot. That's why he couldn't get them off the road."

The roadster turned a bend and she saw the caravan ahead. She swung full around toward her husband so she could not see the little covered wagon and the mismatched team as the car passed them.

In a moment it was over. The thing was done. She did not look back.

She said loudly, to be heard above the motor. "It will be good, to-night, a good dinner."

"Now you're changed again," Henry complained. He took one hand from the wheel and patted her knee. "I ought to take you in to dinner oftener. It would be good for both of us. We get so heavy out on the ranch."

45) idle: 부하 없이 회전하다, 헛돌다.
46) river-bed: 강바닥, 하상.

"Henry," she asked, "could we have wine at dinner?"

"Sure we could. Say! That will be fine."

She was silent for a while; then she said, "Henry, at those prize fights, do the men hurt each other very much?"

"Sometimes a little, not often. Why?"

"Well, I've read how they break noses, and blood runs down their chests. I've read how the fighting gloves get heavy and soggy with blood."

He looked around at her. "What's the matter, Elisa? I didn't know you read things like that." He brought the car to a stop, then turned to the right over the Salinas River bridge.

"Do any women ever go to the fights?" she asked.

"Oh, sure, some. What's the matter, Elisa? Do you want to go? I don't think you'd like it, but I'll take you if you really want to go."

She relaxed limply[47] in the seat. "Oh, no. No. I don't want to go. I'm sure I don't." Her face was turned away from him. "It will be enough if we can have wine. It will be plenty." She turned up her coat collar so he could not see that she was crying weakly — like an old woman.

47) limply: 힘없이, 무기력하게.

# The White Quail

## I

The wall opposite the fireplace in the living room was a big dormer window[1] stretching from the cushioned window seats almost to the ceiling — small diamond panes set in lead. From the window, preferably if you were sitting on the window seat, you could look across the garden and up the hill. There was a stretch of shady lawn under the garden oaks — around each oak there was a circle of carefully tended earth in which grew cinerarias[2], big ones with loads of flowers so heavy they bent the stems over, and ranging in color from scarlet to ultramarine[3]. At the edge of the lawn, a line of fuchsias[4] grew like little symbolic trees. In front of the fuchsias lay a shallow garden pool, the coping flush with[5] the lawn for a very good reason.

Right at the edge of the garden, the hill started up, wild with cascara[6] bushes and poison oak, with dry grass and live oak, very wild. If you didn't go around to the front of the house you couldn't tell it was on the very edge of the town.

Mary Teller, Mrs. Harry E. Teller, that is, knew the window and the garden were Right and she had a very good reason for knowing.

---

1) dormer window: 채광이나 환기를 위하여 지붕에 낸 창; 지붕창; 천장창.
2) cinerarias: 시네라리아: 흰 솜털로 덮여 있는 국화과의 식물.
3) ultramarine: 감청색.
4) fuchsias: 퓨셔 (관상용 관목의 일종).
5) the coping flush with: the coping was flush with; 풀장 변두리 부분(갓)이 ... 과 수평을 이루었다.
6) cascara: 털갈매나무의 일종.

Hadn't she picked out the place where the house and the garden would be years ago? Hadn't she seen the house and the garden a thousand times while the place was still a dry flat against the shoulder[7] of a hill? For that matter, hadn't she, during five years, looked at every attentive man and wondered whether he and that garden would go together? She didn't think so much, "Would this man like such a garden?" but, "Would the garden like such a man?" For the garden was herself, and after all she had to marry some one she liked.

When she met Harry Teller, the garden seemed to like him. It may have surprised him a little when, after he had proposed and was waiting sulkily[8] for his answer, as men do, Mary broke into a description of a big dormer window and a garden with a lawn and oak trees and cinerarias and then a wild hill.

He said, "Of course," rather perfunctorily[9].

Mary asked, "Do you think it's silly?"

He was waiting a little sullenly. "Of course not."

And then she remembered that he had proposed to her, and she accepted him, and let him kiss her. She said, "There will be a little cement pool flush with the lawn. Do you know why? Well, there are more birds on that hill than you'd ever think, yellowhammers[10] and wild canaries and red-wing blackbirds, and of course sparrows and linnets[11], and lots of quail. Of course they'll be coming down to drink there, won't they?"

She was very pretty. He wanted to kiss her over and over, and she let him. "And fuchsias," she said. "Don't forget fuchsias. They're like little tropical Christmas trees. We'll have to have the lawn raked every day to keep the oak leaves clear."

He laughed at her. "You're a funny little bug. The lot isn't bought, and the house isn't built, and the garden isn't planted; and already

7) shoulder: 산마루 아래 부분; 어깨에 해당하는 부분.
8) sulkily: 부루퉁해서, 심술이 나서.
9) perfunctorily: 형식적으로, 마지못해.
10) yellowhammers: (조류) 멧새의 일종.
11) linnets: 홍방울새

you're worrying about oak leaves on the lawn. You're so pretty. You make me kind of — hungry."

That startled her a little. A little expression of annoyance crossed her face. But nevertheless she let him kiss her again, and then sent him home and went to her room, where she had a little blue writing desk and on it a copy-book to write things in. She took up a pen, of which the handle was a peacock feather, and she wrote, "Mary Teller" over and over again. Once or twice she wrote, "Mrs. Harry E. Teller."

## II

The lot was bought and the house was built, and they were married. Mary drew a careful plan of the garden, and when the workmen were putting it in she didn't leave them alone for a moment. She knew to an inch where everything should be. And she drew the shape of the shallow pool for the cement workers, a kind of heart-shaped pool with no point at the bottom, with gradually sloping[12] edges so that birds could drink easily.

Harry watched her with admiration. "Who could tell that such a pretty girl could have so much efficiency," he said.

That pleased her, too; and she was very happy, so that she said, "You can plant some of the things you like in the garden, if you want."

"No, Mary, I like too much to see your own mind coming out in the garden. You do it all your own way."

She loved him for that; but after all, it was her garden. She had invented it, and willed it, and she had worked out the colors too, so carefully. It really wouldn't have been nice if, for instance, Harry had wanted some flowers that didn't go with the garden.

At last the green lawn was up, and the cinerarias around the oak trees bloomed in sunken pots. The little fuchsia trees had been moved

12) gradually sloping: 조금씩 넘쳐흐르게 만들어 놓은 모양을 말함.

in so carefully that not a leaf wilted.

The window seats behind the dormer windows were piled with cushions covered with bright, fadeless fabrics, for the sun shone in that window a good part of the day.

Mary waited until it was all done, all finished exactly as her mind had seen it; and then one evening when Harry came home from the office, she led him to the window seat. "You see," she said softly. "There it is, just the way I wanted it."

"It's beautiful," said Harry, "very beautiful."

"In a way I'm sad that it's done," she said. "But mostly I'm glad. We won't ever change it, will we, Harry? If a bush dies, we'll put another one just like it in the same place."

"Curious little bug," he said.

"Well, you see I've thought about it so long that it's part of me. If anything should be changed it would be like part of me being torn out."

He put out his hand to touch her, and then withdrew it. "I love you so much," he said, and then paused. "But I'm afraid of you, too."

She smiled quietly. "You? Afraid of me? What's there about me you can be afraid of?"

"Well, you're kind of untouchable. There's an inscrutability[13] about you. Probably you don't even know it yourself. You're kind of like your own garden — fixed, and just so. I'm afraid to move around. I might disturb some of your plants."

Mary was pleased. "Dear," she said. "You let me do it. You made it my garden. Yes, you are dear." And she let him kiss her.

## III

He was proud of her when people came in to dinner. She was so pretty, so cool and perfect. Her bowls of flowers were exquisite[14],

13) inscrutability: 헤아릴 수 없음, 불가사의.

and she talked about the garden modestly, hesitantly, almost as though she were talking about herself. Sometimes she took her guests into the garden. She pointed to a fuchsia tree. "I didn't know whether he would succeed," she said, just as though the plant were a person. "He ate a lot of plant food before he decided to come around." She smiled quietly to herself.

She was delightful when she worked in the garden. She wore a bright print dress, quite long in the skirt, and sleeveless. Somewhere she had found an old-fashioned sunbonnet[15]. She wore good sturdy gloves to protect her hands. Harry liked to watch her going about with a bag and a big spoon, putting plant food about the roots of her flowers. He liked it, too, when they went out at night to kill slugs and snails[16]. Mary held the flashlight while Harry did the actual killing, crushing the slugs and snails into oozy[17], bubbling masses. He knew it must be a disgusting business to her, but the light never wavered. "Brave girl," he thought. "She has a sturdiness in back of that fragile beauty." She made the hunts exciting too. "There's a big one, creeping and creeping," she would say. "He's after that big bloom. Kill him! Kill him quickly!" They came into the house after the hunts laughing happily.

Mary was worried about the birds. "They don't come down to drink," she complained. "Not many of them. I wonder what's keeping them away."

"Maybe they aren't used to it yet. They'll come later. Maybe there's a cat around."

Her face flushed and she breathed deeply. Her pretty lips tightened away from her teeth. "If there's a cat, I'll put out poisoned fish," she cried. "I won't have a cat after my birds!"

Harry had to soothe[18] her. "I'll tell you what I'll do. I'll buy an air gun. Then if a cat comes, we can shoot it, and it won't kill the

14) exquisite: 절묘한, 세련된, 멋신.
15) sunbonnet: 햇볕을 가리기 위해 쓰는 모자.
16) slugs and snails: 민달팽이(껍질이 없음)와 달팽이.
17) oozy: 질척질척한, 줄줄 흐르는, 스며 나오는.
18) soothe: 달래다(comfort), 진정시키다(calm).

cat, but it'll hurt, and the cat won't come back."

"Yes," she said more calmly. "That might be better."

The living room was very pleasant at night. The fire burned up in a sheet of flame. If there was a moon, Mary turned off the lights and then they sat looking through the window at the cool blue garden and the dark oak trees.

It was utterly calm and eternal out there. And then the garden ended and the dark thickets of the hill began.

"That's the enemy," Mary said one time. "That's the world that wants to get in, all rough and tangled and unkempt[19]. But it can't get in because the fuchsias won't let it. That's what the fuchsias are there for, and they know it. The birds can get in. They live out in the wild, but they come to my garden for peace and for water." She laughed softly. "There's something profound in all that, Harry. I don't know quite what it is. The quail are beginning to come down now. At least a dozen were at the pool this evening."

He said, "I wish I could see the inside of your mind. It seems to flutter around, but it's a cool, collected[20] mind. It's so — sure of itself."

Mary went to sit on his lap for a moment. "Not so awfully sure. You don't know, and I'm glad you don't."

## IV

One night when Harry was reading his paper under lamp, Mary jumped up. "I left my garden scissors outside," she said. "The dew will rust them."

Harry looked over his paper. "Can't I get them for you?"

"No, I'll go. You couldn't find them." She went out into the garden and found the shears[21], and then she looked in the window, into the

19) unkempt: 단정하지(세련되지) 못한, 거친, 텁수룩한.

20) collected: 침착한, 냉정한.

21) shears: 큰 가위(*pl.*), 가지를 치는 가위.

living room. Harry was still reading his paper. The room was clear, like a picture, like the set of a play that was about to start. A curtain of fire[22] waved up in the fireplace. Mary stood still and looked. There was the big, deep chair she had been sitting in a minute ago. What would she be doing if she hadn't come outside? Suppose only essence, only mind and sight had come, leaving Mary in the chair? She could almost see herself sitting there. Her round arms and long fingers were resting on the chair. Her delicate, sensitive face was in profile, looking reflectively into the firelight. "What is she thinking about?" Mary whispered. "I wonder what's going on in her mind. Will she get up? No, she's just sitting there. The neck of that dress is too wide, see how it slips sideways over the shoulder. But that's rather pretty. It looks careless, but neat and pretty. Now — she's smiling. She must be thinking something nice."

Suddenly Mary came to herself and realized what she had been doing. She was delighted. "There were two me's," she thought. "It was like having two lives, being able to see myself. That's wonderful. I wonder whether I can see it whenever I want to. I saw just what other people see when they look at me. I must tell Harry about that." But then a new picture formed; she saw herself explaining, trying to describe what had happened. She saw him looking over his paper with an intent, puzzled, almost pained look in his eyes. He tried so hard to understand when she told him things. He wanted to understand, and he never quite succeeded. If she told him about this vision tonight, he would ask questions. He would turn the thing over and over, trying to understand it, until finally he ruined it. He didn't want to spoil the things she told him, but he just couldn't help it. He needed too much light on things that light shriveled[23]. No, she wouldn't tell him. She would want to come out and do it again, and she couldn't if he spoiled it for her.

Through the window she saw Harry put his paper down on his knee

22) a curtain of fire: 탄막.
23) shriveled: 시들게 하다, 오그라뜨리다.

and look up at the door. She hurried in, showing him the shears to prove what she had gone for. "See, the rust was forming already. They'd've been all brown and nasty by morning."

He nodded and smiled at her. "It says in the paper we're going to have more trouble with that new loan bill. They put a lot of difficulties in our way. Somebody has to loan money when people want to borrow."

"I don't understand loans," she said. "Somebody told me your company had title to nearly every automobile in town."

He laughed. "Well, not all, but a good many of them, anyway. When times are a little bit hard, we make money."

"It sounds terrible," she observed. "It sounds like taking unfair advantage."

He folded the paper and put it on the table beside his chair. "No, I don't think it's unfair," he said. "The people must have the money, and we supply it. The law regulates the interest rate. We haven't anything to do with that."

She stretched her pretty arms and fingers on the chair, as she had seen them through the window. "I suppose it really isn't unfair," she said. "It just sounds as though you took advantage of people when they were down."

Harry looked seriously into the fire for a long time. Mary could see him, and she knew he was worrying about what she said. Well, it would do him no harm to see what business really was like. Things seemed righter when you did them than when you thought about them. A little mental housecleaning[24] mightn't be a bad thing for Harry.

After a little, he looked over at her. "Dear, you don't think it's unfair practice, do you?"

"Why, I don't know anything about loans. How can I tell what is fair?"

Harry insisted, "But do you *feel* it's unfair? Are you ashamed of my business? I wouldn't like it if you were."

Suddenly Mary felt very glad and pleased. "I'm not ashamed, silly.

24) housecleaning: 숙청, 일소; 대청소.

Every one has a right to make a living. You do what you do well."

"You're sure, now?"

"Of course I'm sure, silly."

After she was in bed in her own little bedroom she heard a faint click and saw the door knob[25] turn, and then turn slowly back. The door was locked. It was a signal; there were things Mary didn't like to talk about. The lock was an answer to a question, a clean, quick, decisive answer. It was peculiar[26] about Harry, though. He always tried the door silently. It seemed as though he didn't want her to know he had tried it. But she always did know. He was sweet and gentle. It seemed to make him ashamed when he turned the knob and found the door locked.

Mary pulled the light chain, and when her eyes had become accustomed to the dark, she looked out the window at her garden in the half moonlight. Harry was sweet, and understanding, too. That time about the dog. He had come running into the house, really running. His face was so red and excited that Mary had a nasty shock. She thought there had been an accident. Later in the evening she had a headache from the shock. Harry had shouted, "Joe Adams — his Irish Terrier bitch had puppies. He's going to give me one! Thoroughbred stock[27], red as strawberries!" He had really wanted one of the pups. It hurt Mary that he couldn't have one. But she was proud of his quick understanding of the situation. When she explained how a dog would — do things on the plants of her garden, or even dig in her flower beds, how, worst of all, a dog would keep the birds away from the pool, Harry understood. He might have trouble with complicated things, like that vision from the garden, but he understood about the dog. Later in the evening, when her head ached, he soothed her and patted Florida Water on her head. That was the curse of imagination. Mary had seen, actually seen the dog in her garden, and the dug holes, and ruined

25) knob: 손잡이.

26) peculiar: 독특한, 괴상한, 별난.

27) thoroughbred stock: 순종의 혈통(동물).

plants. It was almost as bad as though it actually happened. Harry was ashamed, but really he couldn't help it if she had such an imagination. Mary couldn't blame him, how could he have known?

## V

Late in the afternoon, when the sun had gone behind the hill, there was a time Mary called the really-garden-time. Then the high school girl was in from school and had taken charge of the kitchen. It was almost a sacred[28)] time. Mary walked out into the garden and across the lawn to a folding chair half behind one of the lawn oaks. She could watch the birds drinking in the pool from there. She could really *feel* the garden. When Harry came home from the office, he stayed in the house and read his paper until she came in from the garden, star-eyed. It made her unhappy to be disturbed.

The summer was just breaking. Mary looked into the kitchen and saw that everything was all right there. She went through the living room and lighted the laid fire, and then she was ready for the garden. The sun had just dropped behind the hill, and the blue gauze[29)] of the evening had settled among the oaks.

Mary thought, "It's like millions of not quite invisible fairies coming into my garden. You can't see one of them, but the millions change the color of the air." She smiled to herself at the nice thought. The clipped lawn was damp and fresh with watering. The brilliant cinerarias threw little haloes[30)] of color into the air. The fuchsia trees were loaded with blooms. The buds, like little red Christmas tree ornaments[31)], and the open blooms like ballet-skirted ladies. They were so *right*, the fuchsias, so absolutely right. And they discouraged the enemy on the other

28) sacred: 신성한; dedicated.
29) gauge: 엷은 안개; 성기고 가는 천.
30) haloes:(halo) 어떤 사물을 더욱 빛나게 하거나 두드러지게 하는 배경을 이르는 말; 후광.
31) ornaments: 장식, 꾸밈.

side, the brush and scrubby[32], untrimmed[33] trees.

Mary walked across the lawn in the evening to her chair, and sat down. She could hear the birds gathering to come down to the pool. "Making up parties," she thought, "coming to my garden in the evening. How they must love it! How I would like to come to my garden for the first time. If I could be two people — 'Good evening, come into the garden, Mary.' 'Oh, isn't it lovely.' 'Yes, I like it, especially at this time. Quiet, now, Mary. Don't frighten the birds.'" She sat as still as a mouse. Her lips were parted with expectancy. In the brush the quail twittered[34] sharply. A yellowhammer dropped to the edge of the pool. Two little flycatchers[35] flickered out over the water and stood still in the air, beating their wings. And then the quail ran out, with funny little steps. They stopped and cocked their heads, to see whether it was safe. Their leader, a big fellow with a crest[36] like a black question mark, sounded the bugle-like "All clear" call, and the band came down to drink.

And then it happened, the wonderful thing. Out of the brush ran a white quail. Mary froze. Yes, it was a quail, no doubt of it, and white as snow. Oh, this was wonderful! A shiver of pleasure, a bursting of pleasure swelled in Mary's breast. She held her breath. The dainty little white hen quail went to the other side of the pool, away from the ordinary quail. She paused and looked around, and then dipped her beak in the water.

"Why," Mary cried to herself, "she's like me!" A powerful ecstasy quivered[37] in her body. "She's like the essence of me, an essence boiled down to utter purity. She must be the queen of the quail. She makes every lovely thing that ever happened to me one thing."

The white quail dipped her beak again and threw back her head

32) scrubby: 초라한; 2류의, 덤불이 많은.

33) untrimmed: 베어 다듬지 않은, 정돈이 되어 있지 않은.

34) twittered: 지저귀었다.

35) flycatchers: (조류) 딱새.

36) crest: 새나 닭 따위의 이마 위에 붙은 볏.

37) quivered: 떨었다.

to swallow.

The memories welled[38] in Mary and filled her chest. Something sad, always something sad. The packages that came; untying the string was the ecstasy. The thing in the package was never quite—.

The marvelous candy from Italy. "Don't eat it, dear. It's prettier than it's good." Mary never ate it, but looking at it was an ecstasy like this.

"What a pretty girl Mary is. She's like a gentian[39], so quiet." The hearing was an ecstasy like this.

"Mary dear, be very brave now. Your father has—passed away." The first moment of loss was an ecstasy like this.

The white quail stretched a wing backward and smoothed down the feathers with her beak. "This is the me that was everything beautiful. This is the center of me, my heart."

## VI

The blue air became purple in the garden. The fuchsia buds blazed like little candles. And then a gray shadow moved out of the brush. Mary's mouth dropped open. She sat paralyzed[40] with fear. A gray cat crept like death out of the brush, crept toward the pool and the drinking birds. Mary stared in horror. Her hand rose up to her tight throat. Then she broke the paralysis. She screamed terribly. The quail flew away on muttering wings. The cat bounded back into the brush. Still Mary screamed and screamed. Harry ran out of the house crying, "Mary! What is it, Mary?"

She shuddered when he touched her. She began to cry hysterically. He took her up in his arms and carried her into the house, and into her own room. She lay quivering on the bed. "What was it, dear? What

38) welled: (well) (생각 등) 치밀어 오르다, 솟아 나오다.
39) gentian: 용담초(푸른빛을 띤 자주색 꽃이 줄기 끝이나 잎 사이에서 핌).
40) paralyzed: 마비된, 무력한. (noun: paralysis).

frightened you?"

"It was a cat," she moaned. "It was creeping up on the birds." She sat up; her eyes blazed. "Harry, you must put out poison. Tonight you simply must put out some poison for that cat."

"Lie back, dear. You've had a shock."

"Promise me you'll put out poison." She looked closely at him and saw a rebellious light come into his eyes. "Promise."

"Dear," he apologized, "some dog might get it. Animals suffer terribly when they get poison."

"I don't care," she cried. "I don't want any animals in my garden, any kind."

"No," he said. "I won't do that. No, I can't do that. But I'll get up early in the morning. I'll take the new air gun and I'll shoot that cat so he'll never come back. The air gun shoots hard. It'll make a hurt the cat won't forget."

It was the first thing he had ever refused. She didn't know how to combat it; but her head ached, terribly. When it ached its worst he tried to make it up to her for refusing the poison. He kept a little pad soaked with Florida Water, and he patted it on her forehead. She wondered whether she should tell him about the white quail. He wouldn't believe it. But maybe if he knew how important it was, he might poison the cat. She waited until her nerves were calm before she told him. "Dear, there was a white quail in the garden."

"A white quail? Are you sure it wasn't a pigeon?"

There it was. Right from the first he spoiled it. "I know quail," she cried. "It was quite close to me. A white hen quail."

"That would be a thing to see," he said. "I never heard of one."

"But I tell you I saw it."

He dabbed[41] at her forehead. "Well, I suppose it was an albino[42]. No pigment[43] in the feathers, something like that."

---

41) dabbed: 가볍게 댔다(두드렸다).

42) albino: [생물] 알비노(색소가 현저히 결핍된 동식물).

43) pigment: 색소, 그림물감.

She was growing hysterical again. "You don't understand. That white quail was *me*, the secret me that no one can ever get at, the me that's way inside." Harry's face was contorted[44] with the struggle to understand. "Can't you see, dear? The cat was after me. It was going to kill me. That's why I want to poison it." She studied his face. No, he didn't understand, he couldn't. Why had she told him? If she hadn't been so upset she never would have told him.

"I'll set my alarm clock," he assured her. "Tomorrow morning I'll give that cat something to remember."

At ten o'clock he left her alone. And when he had gone Mary got up and locked the door.

His alarm-clock bell awakened Mary in the morning. It was still dark in her room, but she could see the gray light of morning through the window. She heard Harry dressing quietly. He tiptoed past her door and went outside, closing the door silently for fear of awakening her. He carried the new shining air gun in his hand. The fresh gray morning air made him throw back his shoulders and step lightly over the damp lawn. He walked to the corner of the garden and lay down on his stomach in the wet grass.

The garden grew lighter. Already the quail were twittering metallically. The little brown band came to the edge of the brush and cocked[45] their heads. Then the big leader called, "All's well," and his charges ran with quick steps to the pool. A moment later the white quail followed them. She went to the other side of the pool and dipped her beak and threw back her head. Harry raised the gun. The white quail tipped her head and looked toward him. The air gun spat with a vicious whisper. The quail flew off into the brush. But the white quail fell over and shuddered a moment, and lay still on the lawn.

Harry walked slowly over to her and picked her up. "I didn't mean to kill it," he said to himself. "I just wanted to scare it away." He looked at the white bird in his hand. Right in the head, right under

44) contorted: (얼굴을) 찡그렸다.
45) cocked: 치켜 올렸다, 쫑긋 세웠다(섰다).

the eye the BB shot[46] had gone. Harry stepped to the line of fuchsias and threw the quail up into the brush. The next moment he put down the gun and crashed up through the undergrowth[47]. He found the white quail, carried her far up the hill and buried her under a pile of leaves.

Mary heard him pass her door. "Harry, did you shoot the cat?"

"It won't ever come back," he said through the door.

"Well, I hope you killed it, but I don't want to hear the details."

Harry walked on into the living room and sat down in a big chair. The room was still dusky, but through the big dormer window the garden glowed and the tops of the lawn oaks were afire with sunshine.

"What a skunk[48] I am," Harry said to himself. "What a dirty skunk, to kill a thing she loved so much." He dropped his head and looked at the floor. "I'm lonely," he said. "Oh, Lord, I'm so lonely!"

---

46) BB shot: BB총(0.18인치 탄환용 공기소총)의 탄환.

47) undergrowth; 덤불.

48) skunk: 스컹크. 비열한(밉살맞은) 놈.

# Flight

About fifteen miles below Monterey, on the wild coast, the Torres Family had their farm, a few sloping acres above a cliff that dropped to the brown reefs and to the hissing white waters of the ocean. Behind the farm the stone mountains stood up against the sky. The farm buildings huddled[1)] like little clinging aphids[2)] on the mountain skirts, crouched low to the ground as though the wind might blow them into the sea. The little shack, the rattling, rotting barn were gray-bitten with sea salt, beaten by the damp wind until they had taken on the color of the granite hills. Two horses, a red cow and a red calf, half a dozen pigs and a flock of lean, multicolored chickens stocked the place. A little corn was raised on the sterile slope, and it grew short and thick under the wind, and all the cobs[3)] formed on the landward sides of the stalks.

Mama Torres, a lean, dry woman with ancient eyes[4)], had ruled the farm for ten years, ever since her husband tripped over a stone in the field one day and fell full length on a rattlesnake. When one is bitten on the chest there is not much that can be done.

1) huddled: 떼지어 몰려 있었다. 붐볐다.
2) aphids: (=aphis) 진딧물.
3) cobs: 옥수수의 속대(corncob).
4) ancient eyes: 늙어서 시력이 나빠진 눈을 말함.

Mama Torres had three children, two undersized black ones of twelve and fourteen, Emilio and Rosy, whom Mama kept fishing on the rocks below the farm when the sea was kind and when the truant[5] officer was in some distant part of Monterey County. And there was Pepé, the tall smiling son of nineteen, a gentle, affectionate boy, but very lazy. Pepé had a tall head, pointed at the top, and from its peak, coarse black hair grew down like a thatch[6] all around. Over his smiling little eyes Mama cut a straight bang[7] so he could see. Pepé had sharp Indian cheek bones and an eagle nose, but his mouth was as sweet and shapely as a girl's mouth, and his chin was fragile and chiseled[8]. He was loose and gangling[9], all legs and feet and wrists, and he was very lazy. Mama thought him fine and brave, but she never told him so. She said, "Some lazy cow must have got into thy father's family, else how could I have a son like thee." And she said, "When I carried thee, a sneaking lazy coyote came out of the brush and looked at me one day. That must have made thee so."

Pepé smiled sheepishly and stabbed at the ground with his knife to keep the blade sharp and free from rust. It was his inheritance, that knife, his father's knife. The long heavy blade folded back into the black handle. There was a button on the handle. When Pepé pressed the button, the blade leaped out ready for use. The knife was with Pepé always, for it had been his father's knife.

One sunny morning when the sea below the cliff was glinting[10] and blue and the white surf creamed on the reef, when even the stone mountains looked kindly, Mama Torres called out the door of the shack[11], "Pepé, I have a labor for thee."

There was no answer. Mama listened. From behind the barn she

5) truant: 게으름피우는, 빈들빈들 노는, 게으른.
6) thatch: (지붕 따위를 이기 위한) 짚이나 억새; 숱이 많고 거친 머리털.
7) bang: 난발머리의 앞머리.
8) chiseled: 끌로 깎다, 조각하다.
9) gangling: (몸이) 호리호리한(lank).
10) glinting: 반짝이다, 빛나다, 반사하다.
11) shack: (초라한) 오두막, 판잣집; 낡아빠진 집.

heard a burst of laughter. She lifted her full long skirt and walked in the direction of the noise.

Pepé was sitting on the ground with his back against a box. His white teeth glistened. On either side of him stood the two black ones, tense and expectant. Fifteen feet away a redwood post was set in the ground. Pepés right hand lay limply in his lap, and in the palm the big black knife rested. The blade was closed back into the handle. Pepé looked smiling at the sky.

Suddenly Emilio cried, "Ya!"

Pepé's wrist flicked like the head of a snake. The blade seemed to fly open in mid-air, and with a thump the point dug into the redwood post, and the black handle quivered. The three burst into excited laughter. Rosy ran to the post and pulled out the knife and brought it back to Pepé. He closed the blade and settled the knife carefully in his listless palm again. He grinned self-consciously at the sky.

"Ya!"

The heavy knife lanced[12)] out and sunk into the post again. Mama moved forward like a ship and scattered the play.

"All day you do foolish things with the knife, like a toy-baby," she stormed. "Get up on thy huge feet that eat up shoes[13)]." "Get up!" She took him by one loose shoulder and hoisted at him. Pepé grinned sheepishly and came half-heartedly to his feet. "Look!" Mama cried. "Big lazy, you must catch the horse and put on him thy father's saddle. You must ride to Monterey. The medicine bottle is empty. There is no salt. Go thou now, Peanut! Catch the horse."

A revolution took place in the relaxed figure of Pepé. "To Monterey, me? Alone? *Si*, Mama."

She scowled at him. "Do not think, big sheep, that you will buy candy. No, I will give you only enough for the medicine and the salt."

Pepé smiled. "Mama, you will put the hatband on the hat?"

She relented then. "Yes, Pepé. You may wear the hatband."

---

12) lanced: 휙 날리다. 창으로 찌르다.

13) eat up shoes: 신발만 닳게 하는.

His voice grew insinuating[14], "And the green handkerchief, Mama?"

"Yes, if you go quickly and return with no trouble, the silk green handkerchief will go. If you make sure to take off the handkerchief when you eat so no spot may fall on it. . . ."

"*Si*, Mama. I will be careful. I am a man."

"Thou? A Man? Thou art a peanut."

He went into the rickety[15] barn and brought out a rope, and he walked agilely[16] enough up the hill to catch the horse.

When he was ready and mounted before the door, mounted on his father's saddle that was so old that the oaken frame showed through torn leather in many places, then Mama brought out the round black hat with the tooled leather band, and she reached up and knotted the green silk handkerchief about his neck. Pepé's blue denim coat was much darker than his jeans, for it had been washed much less often.

Mama handed up the big medicine bottle and the silver coins. "That for the medicine," she said, "and that for the salt. That for a candle to burn for the papa. That for *dulces*[17] for the little ones. Our friend Mrs. Rodriguez will give you dinner and maybe a bed for the night. When you go to the church say only ten Paternosters[18] and only twenty-five Ave Marias[19]. Oh! I know, big coyote[20]. You would sit there flapping your mouth over Aves all day while you looked at the candles and the holy pictures. That is not good devotion to stare at the pretty things."

The black hat, covering the high pointed head and black thatched hair of Pepé, gave him dignity and age. He sat the rangy horse well. Mama thought how handsome he was, dark and lean and tall. "I would not send thee now alone, thou little one, except for the medicine," she said softly. "It is not good to have no medicine, for who knows when

14) insinuating: 교묘히 환심을 사는, 간사스러운, 알랑거리는(ingratiating).
15) rickety: 흔들흔들하는, 쓰러질 듯한; 관절이 약한, 곱사등의
16) agilely: 경쾌하게, 기민하게, 몸이 재빠르게.
17) *dulces*: 단맛이 나는 캔디. (라틴어) dulcis 단맛(sweet).
18) Paternosters: 주기도문.
19) Ave Marias: 아베 마리아(성모송); 성모 마리아에게 바치는 기도.
20) big coyote: 불한당, 멍청이 등과 같은 말로 쓰임.

the toothache will come, or the sadness of the stomach. These things are."

"Adiós, Mama," Pepé cried. "I will come back soon. You may send me often alone. I am a man."

"Thou art a foolish chicken."

He straightened his shoulders, flipped the reins against the horse's shoulder and rode away. He turned once and saw that they still watched him, Emilio and Rosy and Mama. Pepé grinned with pride and gladness and lifted the tough buckskin[21] horse to a trot.

When he had dropped out of sight over a little dip in the road, Mama turned to the black ones, but she spoke to herself. "He is nearly a man now," she said. "It will be a nice thing to have a man in the house again." Her eyes sharpened on the children. "Go to the rocks now. The tide is going out. There will be abalones[22] to be found." She put the iron hooks into their hands and saw them down the steep trail to the reefs. She brought the smooth stone *metate*[23] to the doorway and sat grinding her corn to flour and looking occasionally at the road over which Pepé had gone. The noonday came and then the afternoon, when the little ones beat the abalones on a rock to make them tender and Mama patted the tortillas[24] to make them thin. They ate their dinner as the red sun was plunging down toward the ocean. They sat on the doorsteps and watched the big white moon come over the mountaintops.

Mama said, "He is now at the house of our friend Mrs. Rodriguez. She will give him nice things to eat and maybe a present."

Emilio said, "Some day I too will ride to Monterey for medicine. Did Pepé come to be a man today?"

Mama said wisely, "A boy gets to be a man when a man is needed. Remember this thing. I have known boys forty years old because there was no need for a man."

Soon afterwards they retired, Mama in her big oak bed on one side

21) buckskin: 녹비색; 회색빛을 띤 황색.
22) abalones: [어패류] 전복.
23) stone *metate*: 맷돌.
24) tortillas: 납작하게 구운 옥수수 빵(멕시코인의 주식).

of the room, Emilio and Rosy in their boxes full of straw and sheepskins on the other side of the room.

The moon went over the sky and the surf roared on the rocks. The roosters crowed the first call. The surf subsided to a whispering surge against the reef. The moon dropped toward the sea. The roosters crowed again.

The moon was near to the water when Pepé rode on a winded horse to his home flat. His dog bounced out and circled the horse yelping with pleasure. Pepé slid off the saddle to the ground. The weathered little shack was silver in the moonlight and the square shadow of it was black to the north and east. Against the east the piling mountains were misty with light; their tops melted into the sky.

Pepé walked wearily up the three steps and into the house. It was dark inside. There was a rustle in the corner.

Mama cried out from her bed. "Who comes? Pepé, is it thou?"

"*Si*, Mama."

"Did you get the medicine?"

"*Si*, Mama."

"Well, go to sleep, then. I thought you would be sleeping at the house of Mrs. Rodriguez." Pepé stood silently in the dark room. "Why do you stand there, Pepé? Did you drink wine?"

"*Si*, Mama."

"Well, go to bed then and sleep out the wine."

His voice was tired and patient, but very firm. "Light the candle, Mama. I must go away into the mountains."

"What is this, Pepé? You are crazy." Mama struck a sulphur[25] match and held the little blue burr until the flame spread up the stick. She set light to the candle on the floor beside her bed. "Now, Pepé, what is this you say?" She looked anxiously into his face.

He was changed. The fragile quality seemed to have gone from his chin. His mouth was less full than it had been, the lines of the lips

25) sulphur: (sulfur) [화학] 유황.

were straighter, but in his eyes the greatest change had taken place. There was no laughter in them any more, nor any bashfulness[26]. They were sharp and bright and purposeful.

He told her in a tired monotone, told her everything just as it had happened. A few people came into the kitchen of Mrs. Rodriguez. There was wine to drink. Pepé drank wine. The little quarrel — the man started toward Pepé and then the knife — it went almost by itself. It flew, it darted before Pepé knew it. As he talked, Mama's face grew stern, and it seemed to grow more lean. Pepé finished. "I am a man now, Mama. The man said names to me I could not allow."

Mama nodded. "Yes, thou art a man, my poor little Pepé. Thou art a man. I have seen it coming on thee. I have watched you throwing the knife into the post, and I have been afraid." For a moment her face had softened, but now it grew stern again. "Come! We must get you ready. Go. Awaken Emilio and Rosy. Go quickly."

Pepé stepped over to the coner where his brother and sister slept among the sheepskins. He leaned down and shook them gently. "Come, Rosy! Come, Emilio! The mama says you must arise."

The little black ones sat up and rubbed their eyes in the candlelight. Mama was out of bed now, her long black skirt over her nightgown. "Emilio," she cried. "Go up and catch the other horse for Pepé. Quickly, now! Quickly." Emilio put his legs in his overalls and stumbled sleepily out the door.

"You heard no one behind you on the road?" Mama demanded.

"No, Mama. I listened carefully. No one was on the road."

Mama darted like a bird about the room. From a nail on the wall she took a canvas water bag and threw it on the floor. She stripped a blanket from her bed and rolled it into a tight tube and tied the ends with string. From a box beside the stove she lifted a flour sack half full of black stringy jerky[27]. "Your father's black coat, Pepé. Here, put it on."

---

26) bashfulness: 수줍어함, 부끄러워함, 숫기 없음.
27) stringy jerky: 힘줄투성이의 마른 고기.

Pepé stood in the middle of the floor watching her activity. She reached behind the door and brought out the rifle, a long 38-56, worn shiny the whole length of the barrel. Pepé took it from her and held it in the crook of his elbow. Mama brought a little leather bag and counted the cartridges into his hand. "Only ten left," she warned. "You must not waste them."

Emilio put his head in the door. "*'Qui'st 'l caballo, Mama.*"

"Put on the saddle from the other horse. Tie on the blanket. Here, tie the jerky to the saddle horn."

Still Pepé stood silently watching his mother's frantic activity. His chin looked hard, and his sweet mouth was drawn and thin. His little eyes followed Mama about the room almost suspiciously.

Rosy asked softly, "Where goes Pepé?"

Mama's eyes were fierce. "Pepé goes on a journey. Pepé is a man now. He has a man's thing to do."

Pepé straightened his shoulders. His mouth changed until he looked very much like Mama.

At last the preparation was finished. The loaded horse stood outside the door. The water bag dripped a line of moisture down the bay shoulder.

The moonlight was being thinned by the dawn and the big white moon was near down to the sea. The family stood by the shack. Mama confronted Pepé. "Look, my son! Do not stop until it is dark again. Do not sleep even though you are tired. Take care of the horse in other that he may not stop of weariness. Remember to be careful with the bullets — there are only ten. Do not fill thy stomach with jerky or it will make thee sick. Eat a little jerky and fill thy stomach with grass. When thou comest to the high mountains, if thou seest any of the dark watching men, go not near to them nor try to speak to them. And forget not thy prayers." She put her lean hands on Pepé's shoulders, stood on her toes and kissed him formally on both cheeks, and Pepé kissed her on both cheeks. Then he went to Emilio and Rosy and kissed both of their cheeks.

Pepé turned back to Mama. He seemed to look for a little softness, a little weakness in her. His eyes were searching, but Mama's face remained fierce. "Go now," she said. "Do not wait to be caught like a chicken."

Pepé pulled himself into the saddle. "I am a man," he said.

It was the first dawn when he rode up the hill toward the little canyon which let a trail into the mountains. Moonlight and daylight fought with each other, and the two warring qualities made it difficult to see. Before Pepé had gone a hundred yards, the outlines of his figure were misty; and long before he entered the canyon, he had become a grey, indefinite shadow.

Mama stood stiffly in front of her doorstep, and on either side of her stood Emilio and Rosy. They cast furtive glances[28] at Mama now and then.

When the grey shape of Pepé melted into the hillside and disappeared, Mama relaxed. She began the high, whining keen of the death wail. "Our beautiful — our brave," she cried. "Our protector, our son is gone." Emilio and Rosy moaned beside her. "Our beautiful — our brave, he is gone." It was the formal wail. It rose to a high piercing[29] whine and subsided to a moan. Mama raised it three times and then she turned and went into the house and shut the door.

Emilio and Rosy stood wondering in the dawn. They heard Mama whimpering[30] in the house. They went out to sit on the cliff above the ocean. They touched shoulders. "When did Pepé come to be a man?" Emilio said.

"Last night," said Rosy. "Last night in Monterey." The ocean clouds turned red with the sun that was behind the mountains.

"We will have no breakfast," said Emilio. "Mama will not want to cook." Rosy did not answer him. "Where is Pepé gone?" he asked.

Rosy looked around at him. She drew her knowledge from the quiet air. "He has gone on a journey. He will never come back."

---

28) furtive glances: 슬쩍 엿봄.
29) piercing: 날카로운, 도려내는 듯한. 뼈에 사무치는.
30) whimpering: 훌쩍훌쩍(처량하게) 울다. 울먹이다.

"Is he dead? Do you think he is dead?"

Rosy looked back at the ocean again. A little steamer, drawing a line of smoke sat on the edge of the horizon. "He is not dead," Rosy explained. "Not yet."

Pepé rested the big rifle across the saddle in front of him. He let the horse walk up the hill and he didn't look back. The stony slope took on a coat of short brush so that Pepé found the entrance to a trail and entered it.

When he came to the canyon opening, he swung once in his saddle and looked back, but the houses were swallowed in the misty light. Pepé jerked forward again. The high shoulder of the canyon closed in on him. His horse stretched out its neck and sighed and settled to the trail.

It was a well-worn path, dark soft leaf-mould earth[31] strewn with broken pieces sandstone. The trail rounded the shoulder of the canyon and dropped steeply into the bed of the stream. In the shallows the water ran smoothly, glinting in the first morning sun. Small round stones on the bottom were as brown as rust with sun moss. In the sand along the edges of the stream the tall, rich wild mint grew, while in the water itself the cress[32], old and tough, had gone to heavy seed.

The path went into the stream and emerged on the other side. The horse sloshed into the water and stopped. Pepé dropped his bridle and let the beast drink of the running water.

Soon the canyon sides became steep and the first giant sentinel[33] redwoods guarded the trail, great round red trunks bearing foliage as green and lacy as ferns[34]. Once Pepé was among the trees, the sun was lost. A perfumed and purple light lay in the pale green of the underbrush. Gooseberry bushes and blackberries and tall ferns lined the stream, and overhead the branches of the redwoods met and cut

31) leaf-mould earth: 부식토.
32) cress: 다닥냉이; 겨자과의 야채.
33) sentinel: 보초, 파수(sentry).
34) ferns: 양치류; 고사리.

off the sky.

Pepé drank from the water bag, and he reached into the flour sack and brought out a black string of jerky. His white teeth gnawed at the string until the tough meat parted. He chewed slowly and drank occasionally from the water bag. His little eyes were slumberous[35) and tired, but the muscles of his face were hard set. The earth of the trail was black now. It gave up a hollow sound under the walking hoofbeats.

The stream fell more sharply. Little waterfalls splashed on the stones. Five-fingered ferns hung over the water and dripped spray from their fingertips. Pepé rode half over in his saddle, dangling one leg loosely. He picked a bay leaf[36) from a tree beside the way and put it into his mouth for a moment to flavor the dry jerky. He held the gun loosely across the pommel[37).

Suddenly he squared in his saddle, swung the horse from the trail and kicked it hurriedly up behind a big redwood tree. He pulled up the reins[38) tight against the bit to keep the horse from whinnying. His face was intent and his nostrils quivered a little.

A hollow pounding came down the trail, and a horseman rode by, a fat man with red cheeks and a white stubble beard. His horse put down its head and blubbered[39) at the trail when it came to the place where Pepé had turned off. "Hold up!" said the man and he pulled up his horse's head.

When the last sound of the hooves died away, Pepé came back into the trail again. He did not relax in the saddle any more. He lifted the big rifle and swung the lever to throw a shell into the chamber, and then he let down the hammer to half cock.

The trail grew very steep. Now the redwood trees were smaller and their tops were dead, bitten dead where the wind reached them. The

35) slumberous: 졸린, 졸린 듯한; 나태한, 활기 없는.

36) bay leaf: 월계수 잎.

37) pommel: 안장의 앞머리.

38) reins:(종종 *pl.*) 말의 재갈에 잡아매는 고삐.

39) blubber: 엉엉(느껴) 울다; 울며 말하다.

horse plodded on; the sun went slowly overhead and started down toward the afternoon.

Where the stream came out of a side canyon, the trail left it. Pepé dismounted and watered his horse and filled up his water bag. As soon as the trail had parted from the stream, the trees were gone and only the thick brittle sage and manzanita and chaparral[40] edged the trail. And the soft black earth was gone, too, leaving only the light tan broken rock for the trail bed. Lizards scampered away into the brush as the horse rattled over the little stones.

Pepé turned in his saddle and looked back. He was in the open now: he could be seen from a distance. As he ascended the trail the country grew more rough and terrible and dry. The way wound about the bases of the great square rocks. Little grey rabbits skittered in the brush. A bird made a monotonous high creaking. Eastward the bare rock mountaintops were pale and powder-dry under the dropping sun. The horse plodded up and up the trail toward a little V in the ridge which was the pass.

Pepé looked suspiciously back every minute or so, and his eyes sought the tops of the ridges ahead. Once, on a white barren spur, he saw a black figure for a moment, but he looked quickly away, for it was one of the dark watchers. No one knew who the watchers were, nor where they lived, but it was better to ignore them and never to show interest in them. They did not bother one who stayed on the trail and minded his own business.

The air was parched[41] and full of light dust blown by the breeze from the eroding[42] mountains. Pepé drank sparingly from his bag and corked it tightly and hung it on the horn again. The trail moved up the dry shale[43] hillside, avoiding rocks, dropping under clefts, climbing in and out of old water scars. When he arrived at the little pass he stopped and looked back for a long time. No dark watchers were to

40) manzanita and chaparral: 만자니터(상록 관목)와 작은 떡갈나무의 덤불.

41) parched: (v) 바싹 말랐다, 목이 탔다; (a) 바싹 마른, 목이 탄.

42) eroding:(erode) 부식 되어가는, 침식되어 가는.

43) shale: 혈암, 이판암.

be seen now. The trail behind was empty. Only the high tops of the redwoods indicated where the stream flowed.

Pepé rode on through the pass. His little eyes were nearly closed with weariness, but his face was stern, relentless and manly. The high mountain wind coasted[44] sighing through the pass and whistled on the edges of the big blocks of broken granite. In the air, a red-tailed hawk sailed over close to the ridge and screamed angrily. Pepé went slowly through the broken jagged pass[45] and looked down on the other side.

The trail dropped quickly, staggering among broken rock. At the bottom of the slope there was a dark crease, thick with brush, and on the other side of the crease a little flat, in which a grove of oak trees grew. A scar of green grass cut across the flat. And behind the flat another mountain rose, desolate with dead rocks and starving little black bushes. Pepé drank from the bag again for the air was so dry that it encrusted[46] his nostrils and burned his lips. He put the horse down the trail. The hooves slipped and struggled on the steep way, starting little stones that rolled off into the brush. The sun was gone behind the westward mountain now, but still it glowed brilliantly on the oaks and on the grassy flat. The rocks and the hillsides still sent up waves of the heat they had gathered from the day's sun.

Pepé looked up to the top of the next dry withered ridge. He saw a dark form against the sky, a man's figure standing on top of a rock, and he glanced away quickly not to appear curious. When a moment later he looked up again, the figure was gone.

Downward the trail was quickly covered. Sometimes the horse floundered[47] for footing, sometimes set his feet and slid a little way. They came at last to the bottom where the dark chaparral was higher than Pepé's head. He held up his rifle on one side and his arm on the other to shield his face from the sharp brittle figures of the brush.

44) coasted: 활강하다, 연안 비행을 하다.

45) broken jagged pass: 울퉁불퉁한 고갯길.

46) encrusted: (=incrust) 껍질로 덮다, 외피를 형성하다.

47) floundered: 버둥거리다, 몸부림치다, 허둥대다.

Up and out of the crease he rode, and up a little cliff. The grassy flat was before him, and the round comfortable oaks. For a moment he studied the trail down which he had come, but there was no movement and no sound from it. Finally he rode out over the flat, to the green streak, and at the upper end of the damp he found a little spring welling[48) out of the earth and dropping into a dug basin[49) before it seeped out[50) over the flat.

Pepé filled his bag first, and then he let the thirsty horse drink out of the pool. He led the horse to the clump of oaks, and in the middle of the grove, fairly protected from sight on all sides, he took off the saddle and the bridle and laid them on the ground. The horse stretched his jaws sideways and yawned. Pepé knotted the lead rope about the horse's neck and tied him to a sapling[51) among the oaks, where he could graze in a fairly large circle.

When the horse was gnawing hungrily at the dry grass, Pepé went to the saddle and took a black string of jerky from the sack and strolled to an oak tree on the edge of the grove, from under which he could watch the trail. He sat down in the crisp dry oak leaves and automatically felt for his big black knife to cut the jerky, but he had no knife. He leaned back on his elbow and gnawed at the tough strong meat. His face was blank, but it was a man's face.

The bright evening light washed the eastern ridge, but the valley was darkening. Doves flew down from the hills to the spring, and the quail came running out of the brush and joined them, calling clearly to one another.

Out of the corner of his eye Pepé saw a shadow grow out of the bushy crease. He turned his head slowly. A big spotted wildcat was creeping toward the spring, belly to the ground, moving like thought.

Pepé cocked his rifle and edged the muzzle slowly around. Then he looked apprehensively up the trail and dropped the hammer again.

48) welling: 분출하는, 솟아오르는; 솟아나오게 하는.
49) dug basin: 파진 웅덩이.
50) seeped out: 스며나왔다, 샜다.
51) sapling: 어린나무, 묘목.

From the ground beside him he picked an oak twig and threw it toward the spring. The quail flew up with a roar and the doves whistled away. The big cat stood up: for a long moment he looked at Pepé with cold yellow eyes, and then fearlessly walked back into the gulch[52].

The dusk gathered quickly in the deep valley. Pepé muttered his prayers, put his head down on his arm and went instantly to sleep.

The moon came up and filled the valley with cold blue light, and the wind swept rustling down from the peaks. The owls worked up and down the slopes looking for rabbits. Down in the brush of the gulch a coyote gabbled[53]. The oak trees whispered softly in the night breeze.

Pepé started up, listening. His horse had whinnied. The moon was just slipping behind the western ridge, leaving the valley in darkness behind it. Pepé sat tensely gripping his rifle. From far up the trail he heard an answering whinny and the crash of shod hooves[54] on the broken rock. He jumped to his feet, ran to his horse and led it under the trees. He threw on the saddle and cinched it tight for the steep trail, caught the unwilling head and forced the bit into the mouth. He felt the saddle to make sure the water bag and the sack of jerky were there. Then he mounted and turned up the hill.

It was velvet dark. The horse found the entrance to the trail where it left the flat, and started up, stumbling and slipping on the rocks. Pepé's hand rose up to his head. His hat was gone. He had left it under the oak tree.

The horse had struggled far up the trail when the first change of dawn came into the air, a steel greyness as light mixed thoroughly with dark. Gradually the sharp snaggled[55] edge of the ridge stood out above them, rotten granite tortured and eaten by the winds of time. Pepé had dropped his reins on the horn, leaving direction to the horse.

52) gulch: 양쪽이 깎아지른 듯한 협곡.

53) gabbled: 짖어대다.

54) shod hooves: 편자를 박은 말굽.

55) snaggled: 울퉁불퉁한. (snaggletooth; 덧니).

The brush grabbed at his legs in the dark until one knee of his jeans was ripped.

Gradually the light flowed down over the ridge. The starved brush and rocks stood out in the half light, strange and lonely in high perspective[56]. Then there came warmth into the light. Pepé drew up and looked back, but he could see nothing in the darker valley below. The sky turned blue over the coming sun. In the waste of the mountainside, the poor dry brush grew only three feet high. Here and there, big outcroppings[57] of unrotted granite stood up like moldering[58] houses. Pepé relaxed a little. He drank from his water bag and bit off a piece of jerky. A single eagle flew over, high in the light.

Without warning Pepé's horse screamed and fell on its side. He was almost down before the rifle crash echoed up from the valley. From a hole behind the struggling shoulder, a stream of bright crimson[59] blood pumped and stopped and pumped and stopped. The hooves threshed on the ground. Pepé lay half stunned beside the horse. He looked slowly down the hill. A piece of sage clipped off beside his head and another crash echoed up from side to side of the canyon. Pepé flung himself frantically behind a bush.

He crawled up the hill on his knees and on one hand. His right hand held the rifle up off the ground and pushed it ahead of him. He moved with the instinctive care of an animal. Rapidly he wormed his way toward one of the big outcroppings of granite on the hill above him. Where the brush was high he doubled up and ran, but where the cover was slight he wriggled forward on his stomach, pushing the rifle ahead of him. In the last little distance there was no cover at all. Pepé poised and then he darted across the space and flashed around the corner of the rock.

He leaned panting against the stone. When his breath came easier he moved behind the big rock until he came to a narrow split[60] that

56) perspective: 원근법, (사물의) 균형.
57) outcroppings: 암석이나 지층 따위가 땅거죽에 드러난 부분; 노두.
58) moldering: 허물어져 가는.
59) crimson: 심홍색; 아주 짙은 다홍색.

offered a thin section of vision down the hill. Pepé lay on his stomach and pushed the rifle barrel through the slit and waited.

The sun reddened the western ridges now. Already the buzzards were settling down toward the place where the horse lay. A small brown bird scratched in the dead sage leaves directly in front of the rifle muzzle. The coasting eagle flew back toward the rising sun.

Pepé saw a little movement in the brush far below. His grip tightened on the gun. A little brown doe[61)] stepped daintily out on the trail and crossed it and disappeared into the brush again. For a long time Pepé waited. Far below he could see the little flat and the oak trees and the slash of green. Suddenly his eyes flashed back at the trail again. A quarter of a mile down there had been a quick movement in the chaparral. The rifle swung over. The front sight[62)] nestled in the V of the rear sight[63)]. Pepé studied for a moment and then raised the rear sight a notch. The little movement in the brush came again. The sight settled on it. Pepé squeezed the trigger. The explosion crashed down the mountain and up the other side, and came rattling back. The whole side of the slope grew still. No more movement. And then a white streak cut into the granite of the slit and a bullet whined away and a crash sounded up from below. Pepé felt a sharp pain in his right hand. A sliver[64)] of granite was sticking out from between his first and second knuckles and the point protruded from his palm. Carefully he pulled out the sliver of stone. The wound bled evenly and gently. No vein nor artery was cut.

Pepé looked into a little dusty cave in the rock and gathered a handful of spider web, and he pressed the mass into the cut, plastering the soft web into the blood. The flow stopped almost at once.

The rifle was on the ground. Pepé picked it up, levered a new shell into the chamber. And then he slid into the brush on his stomach. Far

60) narrow split: 좁은 틈새.
61) doe: (사슴, 토끼 등의) 암컷.
62) front sight: 가늠쇠; 총을 목표물에 조준할 때 이용하는 장치.
63) rear sight: 총구 뒤쪽의 가늠 구멍.
64) sliver: (목재 따위의) 짜개진 조각(splinter); v. 갈라지다.

to the right he crawled, and then up the hill, moving slowly and carefully, crawling to cover and resting and then crawling again.

In the mountains the sun is high in its arc before it penetrates the gorges[65]. The hot face looked over the hill and brought instant heat with it. The white light beat on the rocks and reflected from them and rose up quivering from the earth again, and the rocks and bushes seemed to quiver behind the air.

Pepé crawled in the general direction[66] of the ridge peak, zig-zagging for cover. The deep cut between his knuckles began to throb[67]. He crawled close to a rattlesnake before he saw it, and when it raised its dry head and made a soft beginning whirr, he backed up and took another way. The quick grey lizards flashed in front of him, raising a tiny line of dust. He found another mass of spider web and pressed it against his throbbing hand.

Pepé was pushing the rifle with his left hand now. Little drops of sweat ran to the ends of his coarse black hair and rolled down his cheeks. His lips and tongue were growing thick and heavy. His lips writhed to draw saliva[68] into his mouth. His little dark eyes were uneasy and suspicious. Once when a grey lizard paused in front of him on the parched ground and turned its head sideways he crushed it flat with a stone.

When the sun slid past noon he had not gone a mile. He crawled exhaustedly a last hundred yards to a patch of high sharp manzanita[69], crawled desperately, and when the patch was reached he wriggled in among the tough gnarly trunks and dropped his head on his left arm. There was little shade in the meager brush, but there was cover and safety. Pepé went to sleep as he lay and the sun beat on his back. A few little birds hopped close to him and peered and hopped away. Pepé squirmed in his sleep and he raised and dropped his wounded

65) gorges. 골짜기, 목구멍; 분통, 원한.
66) general direction: …라고 짐작이 가는 방향.
67) throb: 상처가 욱신욱신 쑤시다.
68) saliva: 침, 타액.
69) manzanita: 만자니터(상록 관목의 일종).

hand again and again.

The sun went down behind the peaks and the cool evening came, and then the dark. A coyote yelled from the hillside, Pepé started awake and looked about with misty eyes. His hand was swollen and heavy; a little thread of pain ran up the inside of his arm and settled in a pocket in his armpit. He peered about and then stood up, for the mountains were black and the moon had not yet risen. Pepé stood up in the dark. The coat of his father pressed on his arm. His tongue was swollen until it nearly filled his mouth. He wriggled out of the coat and dropped it in the brush, and then he struggled up the hill, falling over rocks and tearing his way through the brush. The rifle knocked against stones as he went. Little dry avalanches of gravel and shattered stone went whispering down the hill behind him.

After a while the old moon came up and showed the jagged ridge top ahead of him. By moonlight Pepé traveled more easily. He bent forward so that his throbbing arm hung away from his body. The journey uphill was made in dashes and rests, a frantic rush up a few yards and then a rest. The wind coasted down the slope rattling the dry stems of the bushes.

The moon was at meridian[70)] when Pepé came at last to the sharp backbone of the ridge top. On the last hundred yards of the rise no soil had clung under the wearing winds. The way was on solid rock. He clambered[71)] to the top and looked down on the other side. There was a draw like the last below him, misty with moonlight, brushed with dry struggling sage and chaparral. On the other side the hill rose up sharply and at the top the jagged rotten teeth of the mountain showed against the sky. At the bottom of the cut the brush was thick and dark.

Pepé stumbled down the hill. His throat was almost closed with thirst. At first he tried to run, but immediately he fell and rolled. After that he went more carefully. The moon was just disappearing behind the mountains when he came to the bottom. He crawled into the heavy

70) meridian: 자오선. 실정, 전성기. 여기에서는 달이 중천에 떠 있는 상태를 나타냄.
71) clamber: (애를 써서) 기어오르다; *n.* 등반.

brush feeling with his fingers for water. There was no water in the bed of the stream, only damp earth. Pepé laid his gun down and scooped up a handful of mud and put it in his mouth, and then he spluttered and scraped the earth from his tongue with his finger, for the mud drew at his mouth like a poultice[72]. He dug a hole in the stream bed with his fingers, dug a little basin to catch water; but before it was very deep his head fell forward on the damp ground and he slept.

The dawn came and the heat of the day fell on the earth, and still Pepé slept. Late in the afternoon his head jerked up. He looked slowly around. His eyes were slits of wariness. Twenty feet away in the heavy brush a big tawny mountain lion[73] stood looking at him. Its long thick tail waved gracefully, its ears were erect with interest, not laid back dangerously. The lion squatted down on its stomach and watched him.

Pepé looked at the hole he had dug in the earth. A half inch of muddy water had collected in the bottom. He tore the sleeve from his hurt arm, with his teeth ripped out a little square, soaked it in the water and put it in his mouth. Over and over he filled the cloth and sucked it.

Still the lion sat and watched him. The evening came down but there was no movement on the hills. No birds visited the dry bottom of the cut. Pepé looked occasionally at the lion. The eyes of the yellow beast drooped as though he were about to sleep. He yawned and his long thin red tongue curled out. Suddenly his head jerked around and his nostrils quivered. His big tail lashed[74]. He stood up and slunk[75] like a tawny shadow into the thick brush.

A moment later Pepé heard the sound, the faint far crash of horses' hooves on gravel. And he heard something else, a high whining yelp of a dog.

Pepé took his rifle in his left hand and he glided into the brush almost as quietly as the lion had. In the darkening evening he crouched

72) poultice: 습포.

73) tawny mountain lion: 황갈색의 퓨마.

74) lashed:(lash) 세차게 흔들었다.

75) slunk: (slink의 과거, 과거분사); 살금살금 걷다, 살며시 도망치다.

up the hill toward the next ridge. Only when the dark came did he stand up. His energy was short. Once it was dark he fell over the rocks and slipped to his knees on the steep slope, but he moved on and on up the hill, climbing and scrabbling over the broken hillside.

When he was far up toward the top, he lay down and slept for a little while. The withered moon, shining on his face, awakened him. He stood up and moved up the hill. Fifty yards away he stopped and turned back, for he had forgotten his rifle. He walked heavily down and poked about in the brush, but he could not find his gun. At last he lay down to rest. The pocket of pain in his armpit had grown more sharp. His arm seemed to swell out and fall with every heartbeat. There was no position lying down where the heavy arm did not press against his armpit.

With the effort of a hurt beast, Pepé got up and moved again toward the top of the ridge. He held his swollen arm away from his body with his left hand. Up the steep hill he dragged himself, a few steps and a rest, and a few more steps. At last he was nearing the top. The moon showed the uneven sharp back of it against the sky.

Pepé's brain spun in a big spiral up and away from him. He slumped to the ground and lay still. The rock ridge top was only a hundred feet above him.

The moon moved over the sky. Pepé half turned on his back. His tongue tried to make words, but only a thick hissing came from between his lips.

When the dawn came, Pepé pulled himself up. His eyes were sane again. He drew his great puffed arm in front of him and looked at the angry wound. The black line ran up from his wrist to his armpit. Automatically he reached in his pocket for the big black knife, but it was not there. His eyes searched the ground. He picked up a sharp blade of stone and scraped at the wound, sawed at the proud flesh and then squeezed the green juice[76] out in big drops. Instantly he threw back his head and whined like a dog. His whole right side shuddered[77]

76) green juice: 퍼런 고름(pus).

at the pain, but the pain cleared his head.

In the grey light he struggled up the last slope to the ridge and crawled over and lay dawn behind a line of rocks. Below him lay a deep canyon exactly like the last, waterless and desolate. There was no flat, no oak trees, not even heavy brush in the bottom of it. And on the other side a sharp ridge stood up, thinly brushed with starving sage, littered with broken granite. Strewn[78)] over the hill there were giant outcroppings[79)], and on the top the granite teeth stood out against the sky.

The new day was light now. The flame of sun came over the ridge and fell on Pepé where he lay on the ground. His coarse black hair was littered with twigs and bits of spider web. His eyes had retreated back into his head. Between his lips the tip of his black tongue showed.

He sat up and dragged his great arm into his lap and nursed it, rocking his body and moaning in his throat. He threw back his head and looked up into the pale sky. A big black bird circled nearly out of sight, and far to the left another was sailing near.

He lifted his head to listen, for a familiar sound had come to him from the valley he had climbed out of; it was the crying yelp of hounds, excited and feverish, on a trail.

Pepé bowed his head quickly. He tried to speak rapid words but only a thick hiss came from his lips. He drew a shaky[80)] cross on his breast with his left hand. It was a long struggle to get to his feet. He crawled slowly and mechanically to the top of a big rock on the ridge peak. Once there, he arose slowly, swaying to his feet, and stood erect. Far below he could see the dark brush where he had slept. He braced his feet and stood there, black against the morning sky.

There came a ripping sound at his feet. A piece of stone flew up and a bullet droned[81)] off into the next gorge. The hollow crash echoed

77) shuddered:(shudder) 몸서리치다, 떨다.
78) strewn: strew의 pp; 흩뿌리다; 온통 뒤덮다.
79) outcroppings: 노출(부), 노두; 수확.
80) shaky: 비틀비틀하는, 흔들흔들하는.
81) drone: 윙윙거리다, (핑 소리와 같은) 단조음을 내다.

up from below. Pepé looked down for a moment and then pulled himself straight again.

His body jarred back. His left hand fluttered helplessly toward his breast. The second crash sounded from below. Pepé swung forward and toppled from the rock. His body struck and rolled over and over, starting a little avalanche. And when at last he stopped against a bush, the avalanche slid slowly down and covered up his head.

# The Snake

It was almost dark when young Dr. Phillips swung his sack to his shoulder and left the tide pool. He climbed up over the rocks and squashed[1] along the street in his rubber boots. The street lights were on by the time he arrived at his little commercial laboratory on the cannery[2] street of Monterey. It was a tight little building, standing partly on piers over the bay water and partly on the land. On both sides the big corrugated-iron[3] sardine canneries crowded in on it.

Dr. Phillips climbed the wooden steps and opened the door. The white rats in their cages scampered up and down the wire, and the captive cats in their pens mewed for milk. Dr. Phillips turned on the glaring light over the dissection table and dumped his clammy[4] sack on the floor. He walked to the glass cages by the window where the rattlesnakes lived, leaned over and looked in.

The snakes were bunched and resting in the corners of the cage, but every head was clear; the dusty eyes seemed to look at nothing, but as the young man leaned over the cage the forked tongues, black on the ends and pink behind, twittered out and waved slowly up and

1) squashed: 비집고 헤쳐나가다.
2) cannery: 통조림 공장.
3) corrugated-iron: 주로 지붕을 이거나 울타리를 치는 데 쓰는 골함석.
4) clammy: 냉습한, 끈적끈적한.

down. Then the snakes recognized the man and pulled in their tongues.

Dr. Phillips threw off his leather coat and built a fire in the tin stove; he set a kettle of water on the stove and dropped a can of beans into the water. Then he stood staring down at the sack on the floor. He was a slight young man with the mild, preoccupied[5] eyes of one who looks through a microscope a great deal. He wore a short blond beard.

The draft ran breathily up the chimney and a glow of warmth came from the stove. The little waves washed quietly about the piles under the building. Arranged on shelves about the room were tier above tier of museum jars[6] containing the mounted marine specimens the laboratory dealt in.

Dr. Phillips opened a side door and went into his bedroom, a book-lined cell containing an army cot, a reading light and an uncomfortable wooden chair. He pulled off his rubber boots and put on a pair of sheepskin slippers. When he went back to the other room the water in the kettle was already beginning to hum.

He lifted his sack to the table under the white light and emptied out two dozen common starfish. These he laid out side by side on the table. His preoccupied eyes turned to the busy rats in the wire cages. Taking grain from a paper sack, he poured it into the feeding troughs[7]. Instantly the rats scrambled down from the wire and fell upon the food. A bottle of milk stood on a glass shelf between a small mounted octopus and a jellyfish. Dr. Phillips lifted down the milk and walked to the cat cage, but before he filled the containers he reached in the cage and gently picked out a big rangy alley tabby[8]. He stroked her for a moment and then dropped her in a small black painted box, closed the lid and bolted it and then turned on a petcock which admitted gas into the killing chamber. While the short soft struggle went on in the black box he filled the saucers with milk. One of the cats arched against his hand and he smiled and petted her neck.

5) preoccupied: 여념이 없는, 다른 생각을 하지 않는.

6) museum jars: 표본병을 일컬음.

7) feeding troughs: 구유; 먹이를 담아 주는 그릇.

8) rangy alley tabby: 팔다리가 껑충한 도둑고양이(특히 암코양이).

The box was quiet now. He turned off the petcock, for the airtight box would be full of gas.

On the stove the pan of water was bubbling furiously about the can of beans. Dr. Phillips lifted out the can with a big pair of forceps[9], opened it, and emptied the beans into a glass dish. While he ate he watched the starfish on the table. From between the rays[10] little drops of milky fluid were exuding. He bolted[11] his beans and when they were gone he put the dish in the sink and stepped to the equipment cupboard. From this he took a microscope and a pile of little glass dishes. He filled the dishes one by one with sea water from a tap and arranged them in a line beside the starfish. He took out his watch and laid it on the table under the pouring white light. The waves washed with little sighs against the piles under the floor. He took an eyedropper from a drawer and bent over the starfish.

At that moment there were quick soft steps on the wooden stairs and a strong knocking at the door. A slight grimace of annoyance crossed the young man's face as he went to open. A tall, lean woman stood in the doorway. She was dressed in a severe dark suit — her straight black hair, growing low on a flat forehead, was mussed[12] as though the wind had been blowing it. Her black eyes glittered in the strong light.

She spoke in a soft throaty voice, "May I come in? I want to talk to you."

"I'm very busy just now." he said half-heartedly[13]. "I have to do things at times." But he stood away from the door. The tall woman slipped in.

"I'll be quiet until you can talk to me."

He closed the door and brought the uncomfortable chair from the bedroom. "You see," he apologized, "the process is started and I must

9) forceps: 겸사; 날이 서지 않은 가위 모양으로 생긴 이과 수술 기구.
10) rays: (불가사리의) 팔, (물고기의) 지느러미 줄기.
11) bolted: (음식물을)급하게 먹었다.
12) mussed:(muss) 뒤죽박죽으로 만들다.
13) half-heartedly: 마음이 내키지 않는 듯이.

get to it." So many people wandered in and asked questions. He had little routines of explanations for the commoner processes. He could say them without thinking. "Sit here. In a few minutes I'll be able to listen to you."

The tall woman leaned over the table. With the eyedropper the young man gathered fluid from between the rays of the starfish and squirted it into a bowl of water, and then he drew some milky fluid and squirted it in the same bowl and stirred the water gently with the eyedropper. He began his little patter[14] of explanation.

"When starfish are sexually mature they release sperm and ova[15] when they are exposed at low tide. By choosing mature specimens and taking them out of the water, I give them a condition of low tide. Now I've mixed the sperm and eggs. Now I put some of the mixture in each one of these ten watch glasses. In ten minutes I will kill those in the first glass with menthol[16], twenty minutes later I will kill the second group and then a new group every twenty minutes. Then I will have arrested the process in stages, and I will mount the series on microscope slides for biologic study." He paused. "Would you like to look at this first group under the microscope?"

"No, thank you."

He turned quickly to her. People always wanted to look through the glass. She was not looking at the table at all, but at him. Her black eyes were on him, but they did not seem to see him. He realized why — the irises[17] were as dark as the pupils, there was no color line between the two. Dr. Phillips was piqued at[18] her answer. Although answering questions bored him, a lack of interest in what he was doing irritated him. A desire to arouse her grew in him.

"While I'm waiting the first ten minutes I have something to do. Some people don't like to see it. Maybe you'd better step into that

14) patter: 재잘거림.

15) sperm and ova: 정자와 난자들. an ovum (*pl.* ova).

16) menthol: 멘톨; 박하유를 증류하여 냉각. 정제한 흰색의 결정체.

17) irises: (iris) 안구에 들어오는 빛의 양을 조절하는 홍채.

18) piqued at: …에 감정(기분)을 상했다.

room until I finish."

"No," she said in her soft flat tone. "Do what you wish. I will wait until you can talk to me." Her hands rested side by side on her lap. She was completely at rest. Her eyes were bright but the rest of her was almost in a state of suspended animation. He thought, "Low metabolic rate[19], almost as low as a frog's, from the looks." The desire to shock her out of her inanition[20] possessed him again.

He brought a little wooden cradle to the table, laid out scalpels[21] and scissors and rigged a big hollow needle to a pressure tube. Then from the killing chamber he brought the limp dead cat and laid it in the cradle and tied its legs to hooks in the sides. He glanced sidewise at the woman. She had not moved. She was still at rest.

The cat grinned up into the light, its pink tongue stuck out between its needle teeth. Dr. Phillips deftly snipped open the skin at the throat; with a scalpel he slit through and found an artery[22]. With flawless technique he put the needle in the vessel and tied it in with gut. "Embalming fluid[23]," he explained. "Later I'll inject yellow mass into the venous system and red mass into the arterial system — for bloodstream dissection — biology classes."

He looked around at her again. Her dark eyes seemed veiled with dust. She looked without expression at the cat's open throat. Not a drop of blood had escaped. The incision was clean. Dr. Phillips looked at his watch. "Time for the first group." He shook a few crystals of menthol into the first watch glass.

The woman was making him nervous. The rats climbed about on the wire of their cage again and squeaked[24] softly. The waves under the building beat with little shocks on the piles.

The young man shivered. He put a few lumps of coal in the stove

19) metabolic rate: 신진대사율.
20) inanition: 공허, 무기력.
21) scalpels: 해부용 메스.
22) artery(arterial): 동맥(동맥의); vein(venous): 정맥(의).
23) embalming fluid: 방부보존액.
24) squeaked: 찍찍 울었다. 새된 소리를 냈다.

and sat down. "Now," he said. "I haven't anything to do for twenty minutes." He noticed how short her chin was between lower lip and point. She seemed to awaken slowly, to come up out of some deep pool of consciousness. Her head raised and her dark dusty eyes moved about the room and then came back to him.

"I was waiting," she said. Her hands remained side by side on her lap. "You have snakes?"

"Why, yes," he said rather loudly. "I have about two dozen rattlesnakes. I milk out the venom[25] and send it to the anti-venom laboratories."

She continued to look at him but her eyes did not center on him, rather they covered him and seemed to see in a big circle all around him. "Have you a male snake, a male rattlesnake?"

"Well, it just happens I know I have. I came in one morning and found a big snake in-in coition with a smaller one. That's very rare in captivity[26]. You see, I do know I have a male snake."

"Where is he?"

"Why, right in the glass cage by the window there."

Her head swung slowly around but her two quiet hands did not move. She turned back toward him. "May I see?"

He got up and walked to the case by the window. On the sand bottom the knot[27] of rattlesnakes lay entwined, but their heads were clear. The tongues came out and flickered a moment and then waved up and down feeling the air for vibrations. Dr. Phillips nervously turned his head. The woman was standing beside him. He had not heard her get up from the chair. He had heard only the splash of water among the piles and the scampering[28] of the rats on the wire screen.

She said softly, "Which is the male you spoke of?"

He pointed to a thick, dusty grey snake lying by itself in one corner of the cage. "That one. He's nearly five feet long. He comes from Texas. Our Pacific coast snakes are usually smaller. He's been taking

25) milk out the venom: 독액(독)을 빼내다.

26) in captivity: 사로잡히어, 감금되어.

27) knot: 무리, 소수의 집단(of). 매듭.

28) scampering: 뛰어다님, 날쌔게 움직임.

all the rats, too. When I want the others to eat I have to take him out."

The woman stared down at the blunt dry head. The forked tongue slipped out and hung quivering for a long moment. "And you're sure he's a male."

"Rattlesnakes are funny," he said glibly[29]. "Nearly every generalization proves wrong. I don't like to say anything definite about rattlesnakes, but — yes — I can assure you he's a male."

Her eyes did not move from the flat head. "Will you sell him to me?"

"Sell him?" he cried. "Sell him to you?"

"You do sell specimens[30], don't you?"

"Oh — yes. Of course I do. Of course I do."

"How much? Five dollars? Ten?"

"Oh! Not more than five. But — do you know anything about rattlesnakes? You might be bitten."

She looked at him for a moment. "I don't intend to take him. I want to leave him here, but — I want him to be mine. I want to come here and look at him and feed him and to know he's mine." She opened a little purse and took out a five-dollar bill. "Here! Now he is mine."

Dr. Phillips began to be afraid. "You could come to look at him without owning him."

"I want him to be mine."

"Oh, Lord!" he cried. "I've forgotten the time." He ran to the table. "Three minutes over. It won't matter much." He shook menthol crystals into the second watch glass. And then he was drawn back to the cage where the woman still stared at the snake.

She asked, "What does he eat?"

"I feed them white rats, rats from the cage over there."

"Will you put him in the other cage? I want to feed him."

"But he doesn't need food. He's had a rat already this week.

29) glibly: 유창하게.

30) specimens: 검사·연구를 위한 재료. 표본, 견본.

Sometimes they don't eat for three or four months. I had one that didn't eat for over a year."

In her low monotone she asked, "Will you sell me a rat?"

He shrugged his shoulders. "I see. You want to watch how rattlesnakes eat. All right. I'll show you. The rat will cost twenty-five cents. It's better than a bullfight if you look at it one way, and it's simply a snake eating his dinner if you look at it another." His tone had become acid. He hated people who made sport of natural processes. He was not a sportsman but a biologist. He could kill a thousand animals for knowledge, but not an insect for pleasure. He'd been over this in his mind before.

She turned her head slowly toward him and the beginning of a smile formed on her thin lips. "I want to feed my snake," she said. "I'll put him in the other cage." She had opened the top of the cage and dipped[31] her hand in before he knew what she was doing. He leaped forward and pulled her back. The lid banged shut.

"Haven't you any sense," he asked fiercely[32]. "Maybe he wouldn't kill you, but he'd make you damned sick in spite of what I could do for you."

"You put him in the other cage then," she said quietly.

Dr. Phillips was shaken. He found that he was avoiding the dark eyes that didn't seem to look at anything. He felt that it was profoundly wrong[33] to put a rat into the cage, deeply sinful; and he didn't know why. Often he had put rats in the cage when someone or other had wanted to see it, but this desire tonight sickened him. He tried to explain himself out of it.

"It's a good thing to see." he said. "It shows you how a snake can work. It makes you have a respect for a rattlesnake. Then, too, lots of people have dreams about the terror of snakes making the kill. I think because it is a subjective rat. The person is the rat. Once you

31) dipped in: 손 따위를 디밀었다(집어 넣었다).
32) fiercely: 몹시 사납게, 맹렬하게.
33) profoundly wrong: 대단히 잘못된.

see it the whole matter is objective. The rat is only a rat and the terror is removed."

He took a long stick equipped with a leather noose[34] from the wall. Opening the trap he dropped the noose over the big snake's head and tightened the thong[35]. A piercing dry rattle filled the room. The thick body writhed and slashed[36] about the handle of the stick as he lifted the snake out and dropped it in the feeding cage. It stood ready to strike for a time, but the buzzing gradually ceased. The snake crawled into a corner, made a big figure eight with its body and lay still.

"You see," the young man explained, "these snakes are quite tame. I've had them a long time. I suppose I could handle them if I wanted to, but everyone who does handle rattlesnakes gets bitten sooner or later. I just don't want to take the chance." He glanced at the woman. He hated to put in the rat. She had moved over in front of the new cage; her black eyes were on the stony head of the snake again.

She said, "Put in a rat."

Reluctantly[37] he went to the rat cage. For some reason he was sorry for the rat, and such a feeling had never come to him before. His eyes went over the mass of swarming white bodies climbing up the screen toward him. "Which one?" he thought. "Which one shall it be?" Suddenly he turned angrily to the woman. "Wouldn't you rather I put in a cat? Then you'd see a real fight. The cat might even win, but if it did it might kill the snake. I'll sell you a cat if you like."

She didn't look at him. "Put in a rat," she said. "I want him to eat."

He opened the rat cage and thrust his hand in. His fingers found a tail and he lifted a plump, red-eyed rat out of the cage. It struggled up to try to bite his fingers and, failing, hung spread out and motionless from its tail. He walked quickly across the room, opened the feeding cage and dropped the rat in on the sand floor. "Now, watch it," he

34) noose: 올가미; snare.
35) thong: 가죽끈.
36) slashed: 쉬익 달렸다.
37) reluctantly: 마지못해, 싫어하면서.

cried.

The woman did not answer him. Her eyes were on the snake where it lay still. Its tongue, flicking in and out[38] rapidly, tasted the air of the cage.

The rat landed on its feet, turned around and sniffed at its pink naked tail and then unconcernedly trotted[39] across the sand, smelling as it went. The room was silent. Dr. Phillips did not know whether the water sighed among the piles or whether the woman sighed. Out of the corner of his eye he saw her body crouch and stiffen.

The snake moved out smoothly, slowly. The tongue flicked in and out. The motion was so gradual, so smooth that it didn't seem to be motion at all. In the other end of the cage the rat perked up[40] in a sitting position and began to lick down the fine white hair on its chest. The snake moved on, keeping always a deep S curve in its neck.

The silence beat on the young man. He felt the blood drifting up in his body. He said loudly, "See! He keeps the striking curve ready. Rattlesnakes are cautious, almost cowardly animals. The mechanism is so delicate. The snake's dinner is to be got by an operation as deft as a surgeon's job. He takes no chances[41] with his instruments."

The snake had flowed to the middle of the cage by now. The rat looked up, saw the snake and then unconcernedly went back to licking its chest.

"It's the most beautiful thing in the world," the young man said. His veins were throbbing. "It's the most terrible thing in the world."

The snake was close now. Its head lifted a few inches from the sand. The head weaved slowly back and forth, aiming, getting distance, aiming. Dr. Phillips glanced again at the woman. He turned sick. She was weaving too, not much, just a suggestion.

The rat looked up and saw the snake. It dropped to four feet and back up, and then — the stroke. It was impossible to see, simply a flash.

38) flicking in and out: 혀를 날름거리며.

39) trotted: (trot) 총총걸음 쳤다.

40) purked up: 몸(또는 머리)를 세웠다.

41) take no chances: 요행수를 바라지 않았다.

The rat jarred[42] as though under an invisible blow. The snake backed hurriedly into the corner from which it had come, and settled down, its tongue working constantly.

"Perfect?" Dr. Phillips cried. "Right between the shoulder blades[43]. The fangs[44] must almost have reached the heart."

The rat stood still, breathing like a little white bellows. Suddenly it leaped in the air and landed on its side. Its legs kicked spasmodically[45] for a second and it was dead.

The woman relaxed, relaxed sleepily.

"Well," the young man demanded, "it was an emotional bath, wasn't it?"

She turned her misty eyes to him. "Will he eat it now?" she asked.

"Of course he'll eat it. He didn't kill it for a thrill. He killed it because he was hungry."

The corners of the woman's mouth turned up a trifle[46] again. She looked back at the snake. "I want to see him eat it."

Now the snake came out of its corner again. There was no striking curve in its neck, but it approached the rat gingerly[47], ready to jump back in case it attacked. It nudged[48] the body gently with its blunt nose, and drew away. Satisfied that it was dead, the snake touched the body all over with its chin, from head to tail. It seemed to measure the body and to kiss it. Finally it opened its mouth and unhinged[49] its jaws at the corners.

Dr. Phillips put his will against his head to keep it from turning toward the woman. He thought, "If she's opening her mouth, I'll be sick. I'll be afraid." He succeeded in keeping his eyes away.

42) jarred: 부딪혔다.
43) blades: 어깨뼈, 견갑골.
44) fangs: (뱀의) 독이빨, (육식 동물의) 엄니, 견치.
45) spasmodically: 경련을 일으키며, 발작적(돌발적)으로, 오래가지 않는.
46) trifle: 하찮은 것이나 무가치한 일. [a trifle 꼴로 부사적] 조금.
47) gingerly: 조심스럽게, 신중히.
48) nudged: 가까이 갔다.
49) unhinged: (unhinge) 떼어놓다; detach.

The snake fitted its jaws over the rat's head and then with a slow peristaltic[50)] pulsing, began to engulf[51)] the rat. The jaws gripped and the whole throat crawled up, and the jaws gripped again.

Dr. Phillips turned away and went to his work table. "You've made me miss one of the series," he said bitterly. "The set won't be complete." He put one of the watch glasses under a low-power microscope and looked at it, and then angrily he poured the contents of all the dishes into the sink. The waves had fallen so that only a wet whisper came up through the floor. The young man lifted a trapdoor[52)] at his feet and dropped the starfish down into the black water. He paused at the cat, crucified in the cradle and grinning comically into the light. Its body was puffed with embalming fluid[53)]. He shut off the pressure, withdrew the needle and tied the vein.

"Would you like some coffee?" he asked.

"No, thank you. I shall be going pretty soon."

He walked to her where she stood in front of the snake cage. The rat was swallowed, all except an inch of pink tail that stuck out of the snake's mouth like a sardonic[54)] tongue. The throat heaved again and the tail disappeared. The jaws snapped back into their sockets, and the big snake crawled heavily to the corner, made a big eight and dropped its head on the sand.

"He's asleep now," the woman said. "I'm going now. But I'll come back and feed my snake every little while. I'll pay for the rats. I want him to have plenty. And sometime — I'll take him away with me." Her eyes came out of their dusty dream for a moment. "Remember, he's mine. Don't take his poison. I want him to have it. Goodnight." She walked swiftly to the door and went out. He heard her footsteps on the stairs, but he could not hear her walk away on the pavement.

50) peristaltic: 유동적인, 연동의(수축과 이완이 되는 근육 조직, 특히 소화관에 번갈아 파동 모양으로 진행되는 현상을 peristalsis(연동)이라 함).

51) engulf: 삼켜버리다.

52) trapdoor: (지붕. 마루. 무대 등의) 들창, 뚜껑 문.

53) puffed with embalming fluid: 방부액으로 분칠되었다.

54) sardonic: 냉소하는, 빈정대는, 조소 섞인.

Dr. Phillips turned a chair around and sat down in front of the snake cage. He tried to comb out[55] his thought as he looked at the torpid[56] snake. "I've read so much about psychological sex symbols," he thought. "It doesn't seem to explain. Maybe I'm too much alone. Maybe I should kill the snake. If I knew — no, I can't pray to anything."

For weeks he expected her to return. "I will go out and leave her alone here when she comes," he decided. "I won't see the damned thing again."

She never came again. For months he looked for her when he walked about in the town. Several times he ran after some tall woman thinking it might be she. But he never saw her again — ever.

55) comb out: 철저히 검색하다.

56) torpid: 움직이지 않는, 무감각한; 둔한, 활기 없는; 동면중인.

# Breakfast

This thing fills me with pleasure. I don't know why, I can see it in the smallest detail. I find myself recalling it again and again, each time bringing more detail out of sunken memory, remembering brings the curious warm pleasure.

It was very early in the morning. The eastern mountains were black—blue, but behind them the light stood up faintly colored at the mountain rims with a washed red, growing colder, greyer and darker as it went up and overhead until, at a place near the west, it merged with pure night.

And it was cold, not painfully so, but cold enough so that I rubbed my hands and shoved[1)] them deep into my pockets, and I hunched my shoulders up and scuffled my feet on the ground. Down in the valley where I was, the earth was that lavender[2)] gray of dawn. I walked along a country road and ahead of me I saw a tent that was only a little lighter grey than the ground. Beside the tent there was a flash of orange fire seeping[3)] out of the cracks of an old rusty iron stove. Grey smoke spurted up out of the stubby stovepipe, spurted up a long way before it spread out and dissipated.

I saw a young woman beside the stove, really a girl. She was dressed

---

1) shove: 밀고 나아가다(들어가다), 찔러(밀어) 넣다.
2) lavender[læ´vəndəɤ]: 옅은 자주색, 라벤더(꽃), 라벤더 향수.
3) seep: 스며나오다, 서서히 확산하다, (생각 따위) 침투하다.

in a faded cotton skirt and waist[4]. As I came close I saw that she carried a baby in a crooked arm and the baby was nursing, its head under her waist out of the cold. The mother moved about, poking the fire, shifting the rusty lids of the stove to make a greater draft, opening the oven door; and all the time the baby was nursing, but that didn't interfere with the mother's work, nor with the light quick gracefulness of her movements. There was something very precise and practiced in her movements. The orange fire flicked[5] out of the cracks in the stove and threw dancing reflections on the tent.

I was close now and I could smell frying bacon and baking bread, the warmest, pleasantest odors I know. From the east the light grew swiftly. I came near to the stove and stretched my hands out to it and shivered all over when the warmth struck me. Then the tent flap jerked up and a young man came out and an older man followed him. They were dressed in new blue dungarees[6] and in new dungaree coats with brass buttons shining.

The younger had a dark stubble beard and the older had a grey stubble beard. Their heads and faces were wet, their hair dripped with water, and water stood out on their stiff beards and their cheeks shone with water. Together they stood looking quietly at the lightening east; they yawned together and looked at the light on the hill rims. They turned and saw me.

"Morning," said the older man. His face was neither friendly nor unfriendly.

"Morning, sir," I said.

"Morning," said the young man.

The water was slowly drying on their faces. They came to the stove and warmed their hands at it.

The girl kept to her work, her face averted[7] and her eyes on what she was doing. Her hair was tied back out of her eyes with a string

4) waist: (여성, 어린이의) 블라우스(blouse), 허리(의 치수).

5) 쑥 나오다(내밀다), 휙 움직이다.

6) dungarees: 올이 굵은 무명의 일종, 그 천의 바지(노동복).

7) avert: 돌리다, 피하다

and it hung down her back and swayed as she worked. She set tin cups on a big packing box, set tin plates and knives and forks out too. Then she scooped fried bacon out of the deep grease and laid it on a big tin platter, and the bacon cricked[8)] and rustled as it grew crisp. She opened the rusty oven door and took out a square pan full of high big biscuits.

When the smell of that hot bread came out, both of the men inhaled deeply. The young man said softly, "Keerist!"[9)]

The older man turned to me, "Had you breakfast?"

"No."

"Well, sit down with us, then."

That was the signal. We went to the packing case and squatted on the ground about it. The young man asked, "Picking cottons?"

"No."

"We have twelve days' work so far," the young man said.

The girl spoke from the stove. "They even got new clothes."

The two men looked down at their new dungarees and they both smiled a little.

The girl set out the platter of bacon, the brown high biscuits, a bowl of bacon gravy[10)] and a pot of coffee, and then she squatted down by the box too. The baby was still nursing, its head up under her waist out of the cold. I could hear the sucking noises it made.

We filled our plates, poured bacon gravy over our biscuits and sugared our coffee. The older man filled his mouth full and he chewed and chewed and swallowed. Then he said, "God Almighty, it's good," and he filled his mouth again.

The young man said, "We been eating good for twelve days."

We all ate quickly, frantically, and refilled our plates and ate quickly again until we were full and warm. The hot bitter coffee scalded[11)] our throats. We threw the last little bit with the grounds[12)] in it on

8) cricked: ..에 경련을 일으키다. 쥐가 나다.

9) Keerist!: Christ!로 추정됨, (감탄을 표현) 침 넘어가는데.

10) gravy: n. 요리할 때의 고깃국물, 고깃국물 소스.

11) scald: (끓는 물, 김으로) 데게 하다. 데치다.

the earth and refilled our cups.

There was color in the light now, a reddish gleam that made the air seem colder. The two men faced the east and their faces were lighted by the dawn, and I looked up for a moment and saw the image of the mountain and the light coming over it reflected in the older man's eyes.

Then the two men threw the grounds from their cups on the earth and they stood up together, "Got to get going," the older man said.

The younger turned to me. "Fyou want to pick cotton, we could maybe get you on."

"No. I got to go along. Thanks for breakfast."

The older man waved his hand in a negative. "O.K. Glad to have you." They walked away together. The air was blazing with light at the eastern skyline. And I walked away down the country road.

That's all. I knew, of course, some of the reasons why it was pleasant. But there was some element of great beauty there that makes the rush of warmth when I think of it.

12) grounds: 찌꺼기.

# ESSAYS IN CRITICISM

# *The Red Pony* Stories

by R. S. Hughes

Critics have been almost unanimous in their acclaim for the four thematically linked stories that constitute *The Red Pony* — "The Gift" (1933), "The Great Mountains" (1933), "The Promise" (1937), and "The Leader of the People" (1936). Mizener credits this collection with "an integrity, a responsibility to experience and a consequent unity of surface and symbol" that Steinbeck never again achieved. Barbour calls it "a successful tale" containing some of "Steinbeck's most deeply felt work." And French praises the series as "one of [the author's] works in which form and content are most perfectly integrated."[1)]

Considering Steinbeck's widely acknowledged success in crafting *The Red Pony*, one might not suspect that when he began writing these four stories he was bracing himself for his first encounter with the death of a loved one. It was summer 1933, and Olive Hamilton Steinbeck, the author's mother, had recently suffered a massive stroke.[2)] He wrote to George Albee: "I don't know whether I told you that mother is now paralysed and will linger perhaps a year. It has been a bad time. . . . I have to fight an atmosphere of blue fog so thick and endless that I can see no opening in it.[3)]

Later recalling this experience, Steinbeck was to say that facing death brings about "the first adulthood of any man or woman," and in his *Red Pony* stories he attempts to depict this painful process. In this sense, the four tales constitute a bildungsroman, which chronicles the autobiographical protagonist's path toward maturity. As Arnold L. Goldsmith points out (see his essay in part 3), Jody Tiflin, who begins the stories as a somewhat naive boy, undergoes an initiation into the reality of death, as well as the joy of new life.[4)] In "The Gift" Jody endures the premature passing of his frisky pony, Gabilan. In "The Great Mountains" and "The Leader of the People," he contemplates the aging and eventual demise of the Indian, Gitano, and of Jody's own grandfather. And in "The Promise" the boy observes the violent end of the mare, Nellie, as she gives birth to a shiny new colt. The two omnipresent principles in these stories of death and life at first seem antithetical to Jody, as do the symbolic "opposites and enemies" on the Tiflin ranch that represent them, the black cypress and the green tub[5]. Yet his initiation affords him the opportunity to see these seemingly opposite principles as one and the same.

Steinbeck maintains the third-person point of view throughout all four stories. Writing from the boy's perspective and occasionally entering his sometimes troubled mind. Steinbeck achieves a unique portrayal of life on a California ranch. Jody and the other characters are sketched economically and believably. Says Arthur Mizener, "We are wholly convinced by Jody's feelings for the life of nature and by its culmination in his love for his red pony and his grief at its death." Billy Buck, the old Indian Gitano, and Jody's pioneer grandfather are equally compelling, as are the many animals in these stories: Gabilan the pony, Nellie the mare, and Smasher and Doubletree Mutt, Jody's rambunctious dogs. No wonder, then, that critics have universally praised this story cycle, which Harry Thornton Moore says "crowns" *The Long Valley* collection.[6] Without doubt, *The Red Pony* is one of Steinbeck's finest achievements in short fiction.

## "*The Gift*" (1933)

Originally entitled "The Red Pony," "The Gift" begins Jody's initiation. The story recounts how Carl Tiflin's gift of a pony to the ten-year-old Jody teaches him some difficult lessons. Jody names the untrained colt Gabilan, after the sunny eastern mountains bordering the Tiflin ranch. With cowhand Billy Buck's guidance, the boy begins in late summer to halter-train Gabilan, hopping to ride him before the winter rains.

But this hope is never realized. Left in the corral one day, Gabilan gets soaked in a downpour and Billy Buck neglects to lead him to shelter. The pony becomes dreadfully ill, and the guilt-ridden cowhand is unable to revive him. Near death early one morning, Gabilan staggers out of the Tiflin barn into the fields, where Jody finds him circled by buzzards. Although the boy bludgeons one of the huge black birds, Gabilan cannot be saved.

Jody's attack on the buzzard seems to be his attempt to strike back at death for taking Gabilan. The boy's developing awareness of death becomes an important stride toward his maturity.[7] But even though his pony dies, Jody also experiences the wonders of new life. When he ascends to the brush line of the Tiflin ranch, Jody frequently looks down on the "great black kettle under the cypress tree . . . where the pigs were scalded" and then turns back to see the cold spring that runs into a "green mossy tub" (206). The brush line is his place of retreat and contemplation, and his several trips there during the story reveal his growth and change. When he ascends the first time (before receiving Gabilan) he senses "an uncertainty in the air, a feeling of change and of loss and of the gain of new and unfamiliar things" (206). These premonitions foreshadow coming events. Once he has acquired the red pony, Jody finds new enthusiasm for life. This enthusiasm quickly fades, however, when the pony falls ill. Just before Gabilan's death, Jody again ascends to the brush line and sits on the "mossy tub" in view of the "dark cypress tree." To his eyes, the "place was familiar, but curiously changed" (235). Actually, the landscape itself has not altered as much as the boy who perceives it. Jody himself has changed as a result of his pony's brief days on the Tiflin ranch.

Besides the black cypress and green tub, Steinbeck employs other images in the story that evoke the cycle of death and life. According to Goldsmith, these include the change of seasons, "the buzzards flying overhead, the life and death of Jody's pony Gabilan, and the death of the buzzard Jody kills."[8] The turning of the seasons, for example, parallels Gabilan's brief life and premature death. The story begins in the bright sunshine of late summer (when Gabilan arrives at the Tiflin ranch), continues through the stubble fields and lengthening shadows of fall, and concludes in the dark and rainy winter (when the pony dies). On the day of Gabilan's death, young grass (a "new green crop of volunteer" [231]) has already surfaced, indicating the coming of spring and suggesting the perpetuity of life (237).

Just as spring grass betokens new life, buzzards are obvious symbols of death. Early in the story Steinbeck introduces these dark and unwelcome visitors when "two big black buzzards [sail] low to the ground," indicating an "animal had died in the vicinity" (206). That Jody knows the meaning of these predators (he "hate[s] them" [206]) becomes clear in the conclusion when he spots "a high circle of black buzzards" hovering over his dying pony (237). Although the boy understands that the birds signal the demise of his pony, he cannot fathom how these winged predators of death have a legitimate place in nature. When he grabs one before it can fly away, its "red fearless eyes" gaze at him, "impersonal and unafraid and detached" (238). Death, as Jody sees it in the bird's red eyes, preys on its victims with blank indifference.

### "*The Great Mountains*" (1933)

The theme of death continues in the next story, "The Great Mountains," as Jody contemplates the approaching demise of the venerable Indian, Gitano, and of the Tiflin's decrepit horse, Easter. Jody again retreats to the brush line where the "mossy tub" brimming with cold spring water helps him assimilate these further experiences (240). An additional element in this second *Red Pony* story is Jody's fascination with the great, brooding mountains separating the Tiflin ranch from the Pacific Ocean. Jody's fascination constitutes, in Owen's words, the "blossoming of [his] questing impulse, his desire to transcend the known and secure world" for the dark and mysterious "Great Ones," the rugged Santa Lucia Mountains.[9)]

Gitano appears one summer day, announcing that he has come home to die. According to the Indian, the Tiflin acreage was once the site of his family rancho, making it a fitting place for him to spend his last days. Carl Tiflin disagrees, ordering the old Indian to leave by the next morning. Jody visits Gitano that evening in the bunkhouse and marvels at his gleaming rapier with a golden basket hilt. By morning the old man has disappeared into the "Great Mountains"; he is riding Easter, whom Carl Tiflin (tacitly comparing him to Gitano) has said is worthless and ought to be shot. When Jody lifts his eyes toward the mountains and thinks he sees a crawling speck, the thought of Gitano, his sword, and the "Great Ones" saddens him.

The death theme in the story is suggested by the "Great Mountains," by the ancient horse, Easter, and by the old Indian, Gitano. The "Great Ones" loom as the most powerful symbol of death and its mystery. As we saw in Pepé Torres' attempt to flee his pursuers in "Flight," Steinbeck frequently uses the Santa Lucias as a region of death.[10] To Jody these western mountains seem forboding, "impersonal," and "aloof" (242). Thus when comparing the dark and brooding "Great Ones" to the bright and "jolly" Gabilan range to the east, Jody shivers "a little at the contrast" (242). Like Easter and Gitano, these mountains evoke the unfathomable mystery of death, a mystery Jody is confronted with again in this story as he was in "The Gift."

The thirty-year-old horse, Easter, comes to be identified with Gitano. Both are, in the Indian's words, "too old to work" and both "just [eat] and pretty soon [die]" (249). Both make similar separate entrances "over the brow of the hill" on the Tiflin ranch. And both are so thin that bones jut out under their skin, and they hobble or walk in hard jerks (243, 248). Carl Tiflin underscores these similarities. When he says, "It's a shame not to shoot Easter. . . . It'd save him a lot of pains and rheumatism," Carl looks "secretly at Gitano, to see whether he noticed the parallel" (249). Not surprisingly, an affinity develops between the old Indian and Easter. When Gitano makes "a curious sharp sound with his lips." Easter ambles over and allows him to rub "the lean neck under [his] mane" (250).

While Easter's name suggests resurrection and life everlasting,

Gitano at first seems to represent only death. Thus, he is received on the Tiflin ranch as an unwelcome visitor. Carl Tiflin tells Gitano, "Don't come to die with strangers" (246). But the natural cycle of life and death moves the Indian to return to his place of birth, even though the Tiflin refuse to accommodate him. While the elder Tiflins see only trouble in Gitano, Jody recognizes his abiding dignity and marvels at his gleaming rapier. Richard F. Peterson argues that this rapier, with its golden hilt, links the old Indian with the tradition of the quest for the holy grail. Peterson sees Gitano as a "maimed king" who inspires a younger quester (Jody) to restore his wasted kingdom (the Tiflin ranch?).[11] Thus, like Easter, Gitano himself suggests renewal, if not resurrection and perpetual life.

At the story's end, Jody ascends again to the brush line to contemplate the meaning of Gitano's brief but momentous visit. As we learn earlier in the story, even during the dry summer season, a "stretch of fine green grass" grows where "the spring-pipe fill[s] the round tub and the tub spill[s] over" (240). Jody retreats to this perpetually green spot to contemplate the lessons of life and death he has learned. Whether he knows it or not, Jody's "sympathies have been broadened" by this experience.[12]

### "*The Promise*" (1937)

While both "The Gift" and "The Great Mountains" deal with the cycle of life and death, in "The Promise," Steinbeck presents this central theme even more graphically. To replace Gabilan (who has died in the first story), Carl Tiflin offers a newborn colt to his son if he will work off the cost of impregnating their mare, Nellie. One spring afternoon Jody walks the mare to Jess Taylor's ranch to be bred by the wild and powerful black stallion, Sundog. After the mare's conception, Jody waits nearly a year for her to foal. On the dark night when Nellie's pregnancy reaches full term, she struggles painfully in labor. Realizing her foal is turned the wrong way, Billy Buck tries to right the colt inside of Nellie. When this fails, he quickly grabs for a horseshoe hammer and lets it fall on her forehead until she dies. With his pocket knife, the ranch hand saws the tough belly and delivers a slick black colt. Billy lays the wet bundle at Jody's feet and explains: "There's your colt. I promised. And there it is. I had to do it — had to" (278-79).

A healthy colt has been born at the cost of the mare's life. And once again, Steinbeck suggests the interrelatedness of these two principles — death and life — with the black cypress and the green tub. As in the two earlier stories, the blackness of the cypress (traditionally a funereal tree) and the killing that occurs under its boughs represent death. Once, while standing under the black cypress and contemplating the birth of his promised colt, Jody becomes disturbed. "It seem[s] to him an unlucky thing to be thinking of his colt in the very slaughter place. . . . To counteract any evil result of that bad conjunction he walk[s] quickly. . . to the brush line" until he reaches the "green grass" and "trilling water" of the old tub (269). This "thin stream of spring water [running] into an old green tub" stands for life itself. Its surroundings perpetually cool and green, even in the dry, brown days of summer, the mossy tub again becomes a place of refuge for Jody. During times of change and crisis, the "cool green grass and singing water [soothe] him" (268).

With the black cypress and the green tub forming the dialectic of his life, Jody continues his strides toward maturity begun in the earlier *Red Pony* stories. Although to Jody the fact of death has by now become unequivocal, the nature of procreation remains somewhat a mystery. In "The Promise," however, he witnesses not only the birth of Nellie's colt, but also Nellie's breeding with Sundog. From these he learns that just as the onset of death can be turbulent (recall Gabilan's last hours), so too the creation of new life. Jody's looking on as Nellie couples with the stallion introduces the boy to the mysteries of sexual union. During Nellie's conception and long gestation, Jody even participates vicariously as an imaginary sire and expectant father. For example, when Nellie nears her time of delivery, Jody grows nervous, worried even "frantic" (274). And like a stereotypical father-to-be, when he daydreams about his newborn colt, he feels "warm and proud" (274). Thus, although his knowledge of sexuality remains imperfect owing to his youth, Jody at least begins to recognize sex as a foundation of life.[13)]

Reinforcing this sexual theme, Steinbeck depicts the seasonal habits (especially breeding habits) of various birds and animals. When the story opens and spring is in the air, a "green odor" lingers on the hillsides spurring frenzied energy in horses, lambs, and "young clumsy calves" (257). Nellie becomes "crazy as a coot" (262). On fences, "blackbirds," "meadowlarks" and "wild doves" sing with rejuvenated vigor (262). Some of this jubilation in both birds and animals seems to imply sexual arousal, such as when Nellie, in heat, back up against a gate, "rubbing her buttocks on the heavy post" (259, 261). Later, ripening "wild oats" (265) suggest Nellie's fertilization and pregnancy. As Jody leads Nellie to be bred with Sundog, the boy passes these wild oats along the road, "whose heads were just clearing their scabbards" (262). The phallic implication of their "heads" is echoed by the aroused Sundog's "stiff, erected nostrils" (263). Once Nellie is impregnated, Steinbeck again employs the "wild oat" image — this time to suggest the onerousness of gestation and birth. Like Nellie, "the wild oats were ripening. Every head bent sharply under its load of grain" (265).

Further suggesting the life cycle, Steinbeck evokes the vivid colors of the seasons, from the spring day when Nellie is bred to the winter night when she dies bearing her colt. The story opens in the "green and gold" of spring, with its cast of "silver" leaves, "blue" snakes, "yellow" grasshoppers, and "gold - " stomached horned toads (256-57). As the narrative progresses through the year, Steinbeck rarely misses an opportunity to brighten the story with seasonal colors. With the coming of summer, he evokes the "yellowing hillsides" (264). In the "warm bright autumn" he notes that "the poison oak turn[s] red" (270). Finally, when winter approaches he says that the hills blacken under the steady rain (273) and the nights become "black and thick" (275), so black that on the tragic night of Nellie's death, "no light. . . penetrate[s] into the cup of the ranch" (277). This cycle of the seasons fills nearly an entire year, though the narrative cuts off abruptly in midwinter (the February night when Nellie dies), rather than returning to the spring where it began.

Like the changing of the seasons, "The Promise" is ultimately a story of transition, a chronicle of Jody's uncertain strides toward maturity in light of his exposure to the relationship between death and procreation. Jody discovers not only this relationship, but also the sexual union of male and female. The implications of the latter are perhaps more difficult for him to comprehend than those of the former. Though arguably more experienced at the story's end than at its beginning, Jody remains both a child and an adult; his behavior varies from uncannily mature to surprisingly puerile. To help himself assimilate the profound facts of death and procreation, he retreats, as always, to the ridge line on the Tiflin ranch, to contemplate the "opposites and enemies" that symbolize them — the black cypress and the green tub (269).

## "*The Leader of the People*" (1936)

"The Leader of the People" marks a departure from the three previous stories and was not included in the original *Red Pony* volume (1937). While sharing the same setting and, with one important exception, many of the same characters with these other tales, in "The Leader of the People" Jody's initiation into the mysteries of life and death becomes secondary to Steinbeck's emerging interest in group behavior. Steinbeck embodies this interest in the story's dominant character, Jody's nostalgic grandfather, a veteran wagon train leader of the westward movement who reminisces about long phalanxes of humanity crossing the prairie. The old man's memories of "westering" with the "great crawling beast" become the central focus of the story, as he passes along the lore of his unique generation to an appreciative grandson. Some critics question whether the grandfather's tales of "westering" constitute simply another lesson on Jody's path toward maturity or whether these tales instead comprise, in Donald Houghton's words, "an unfortunate, confusing, and unnecessary digression which tears at the emotional and thematic unity of the story."[14)]

Steinbeck composed "The Leader of the People" in 1934 when, inspired by his biologist friend, Ed Ricketts, he began speculating about group behavior. Evidence of this speculation can be found in several works composed from 1934 through the early 1940s, such as the short stories "The Raid" (1934) and "The Vigilante" (1936) and the longer works *In Dubious Battle* (1936), *The Grapes of Wrath* (1939). *The Sea of Cortez* (1941), and *The Moon Is Down* (1942). Each of these, to some degree, reflects Steinbeck's notion of a group as an entity with desires, hungers and strivings of its own that actually controls the behavior of the units (individual humans or animals) that constitute it. As noted above, Steinbeck called such an aggregation of units a "phalanx." Like Mike in "The Vigilante," Jody's grandfather is one of Steinbeck's archetypal "unit-men," since he lives fully only when he is part of a group ("a whole bunch of people made into one big crawling beast" [302] ) or when he reminisces about these experience s.[15)]

Not all of the grandfather's "westering" stories, however, serve merely to illustrate Steinbeck's theory of the "group man." Robert Morsberger argues that these stories, in fact, constitute "the crucial experience" in the grandfather's generation, and hence are the "basis of the generation gap" between Jody and the old man.[16)] In this sense, the grandfather resembles a bard in the tradition of Homer and Beowulf, transmitting oral history to a new generation. When he tells his grandson about hunting Indians (291), eating buffalo meat (293), and defending the circle of covered wagons (295), the old pioneer passes on the lore of his generation to a willing listener from a younger generation.

At the end of the story, however, when the dejected old man mentions "the big crawling beast," he seems to become a mouthpiece for Steinbeck's theory of the "group man." As Philip J. West points out, the grandfather's final speech marks a stylistic change in the story from the heroic to the elegiac.[17] The old pioneer, who begins as a poet and seer, concludes as a petty and pitiful figurehead who did not so much lead the people as merely front their column. In his own words: "If I hadn't been there, someone else would have been the head. The thing had to have a head" (302). Thus his heroic stature diminishes as he paints a much-altered picture of his role in "westering."

The grandfather's last speech also departs from the hunting motif established in his earlier tales (of soldiers, buffalo, and Indians), this hunting motif being linked to the prominent symbol in the story — Jody's mice hunt. Jody's hunt and the mice themselves take on various meanings as the story progresses. The story opens with Jody's joyous anticipation of slaughtering the "plump, sleek, arrogant mice" who have been living comfortably for many months in a haystack. To Jody the mice are big game, and he imagines himself in pursuit of them as a heroic hunter like his grandfather; next, the old man (perhaps jokingly) says Jody's hunt is typical of "the people of this generation" who have stooped to hunting tiny vermin; and finally, since the mice are "smug in their security, overbearing and fat" in their haystack, they further suggest degeneration and, in John V. Hagopian's words, the "tame and settled mode of life" of the present generation.[18] This symbolic use of the furry creatures anticipates Steinbeck's later treatment of them in *Of Mice and Men* (1937).

Even Though "The Leader of the People" departs significantly from the thematic patterns of three earlier *Red Pony* stories, we can nonetheless see some evidence of the cycle of life and death established in them. The grandfather, for example, represents an ambiguous combination of these two principles. Dressed almost entirely in black ("black broadcloth suit," "black tie," and "black slouch hat") and reaching the Tiflin ranch when the "lowering sun" casts dark flickering shadows (290), the old man obviously suggests death. Yet conversely, as James C. Work points out, the venerable pioneer also represents a primitive, life-renewing force introduced into the somewhat isolated and stagnant existence of the Tiflin ranch.

The grandfather is old in body yet, like his grandson, young in spirit;

both, as Howard D. Pearce indicates, are romantic dreamers compared to the more matter-of-fact, if not pedestrian, Carl Tiflin. Pearce also notes the recurring images of blackness and whiteness in the story, which further suggest patterns of death and life. A "flock of white pigeons" perch in the black cypress tree, for example, until Jody throws a stone and starts the white birds in flight (238). This is the only mention of the black cypress in the story, while the green tub, which represents life and renewal elsewhere in *The Red Pony*, is absent. It is perhaps noteworthy, finally, that "The Leader of the People" — the atypical tale in the series — has become the *Red Pony* story most hotly debated by critics and one of Steinbeck's most frequently anthologized works.

Notes

1) Arthur Mizener, "Does a Moral Vision of the Thirties Deserve a Nobel Prize?" *New York Times Book Review*, 9 December 1962, 4; Barbour, "Steinbeck as a Story Writer," 122; French, *John Steinbeck*, 2d rev. ed., 63.
2) Benson, *True Adventures*, 261.
3) Letter to George Albee, *A Life in Letters*, 73.
4) "My Short Novels" in *Steinbeck and His Critics: A Record of Twenty-Five Years*, ed. E. W. Tedlock and C. V. Wicker (Albuquerque: University of New Mexico, 1957), 38; Arnold L. Goldsmith, "Thematic Rhythm in *The Red Pony*," *College English* 26 (1965): 392.
5) *The Long Valley* (New York: Viking Press, 1938), 269. All subsequent references to this work appear in the text.
6) Mizener, "Moral Vision," 4; Harry Thornton Moore, *The Novels of John Steinbeck: A First Critical Study*, 2d ed. (Port Washington, N.Y.: Kennikat Press, 1968), 53.
7) Howard Levant, "John Steinbeck's *The Red Pony*: A Study in Narrative Technique," *Journal of Narrative Technique* 1 (May 1971): 77-85.
8) Goldsmith, "Thematic Rhythm," 391-94.
9) *Ibid.*, 392; Owens, *Steinbeck's Re-Vision*, 51.
10) Owens, *Steinbeck's Re-Vision*, 11, 34.
11) Richard F. Peterson, "The Grail Legend and Steinbeck's 'The Great Mountains,'" *Steinbeck Quarterly* 6 (1973): 9.
12) French, *John Steinbeck*, 90.
13) Goldsmith, in "Thematic Rhythm," 391, estimates that Jody is twelve; Lewis Owens

in *Steinbeck's Re-Vision*, 54, suggests that Jody has not yet reached the teen years.

14) Donald E. Houghton, "'Westering' in 'The Leader of the People,'" *Western American Literature* 4 (Summer 1969): 122-24.
15) See Astro, *Steinbeck and Ricketts*, 64-65.
16) Robert E. Morsberger, "In Defense of 'Westering'" in *Western American Literature* 5 (Summer 1970): 146.
17) Philip J. West, "Steinbeck's 'The Leader of People': A Crisis in Style," *Western American Literature* 5 (1970): 125-26.
18) John V. Hagopian and Martin Dolch, *Insight I: Analyses of American Literature* (Frankfurt: Hirschgroben, 1962), 232.
19) James C. Work, "Coordinate Forces in 'The Leader of the People,'" *Western American Literature* 16 (1982): 279-89.
20) Howard D. Pearce, "Steinbeck's 'The Leader of the Poeple': Dialectic and Symbol," *Papers in Language and Literature* 8 (Fall 1972): 418.

# The Chrysanthemums

by R. S. Hughes

Among Steinbeck's fifty or more pieces of short fiction, no story has been more highly praised than "The Chrysanthemums." Steinbeck began writing it on 31 January 1934,[1] and by the time he finished in February of that year, he sensed that he had created a subtly powerful work. In a letter to George Albee, Steinbeck says: "I shall be interested to know what you think of the story, The Chrysanthemums. It is entirely different and is designed to strike without the reader's knowledge. I mean he reads it casually and after it is finished feels that something profound has happened to him although he does not know what nor how. It has had that effect on several people here."[2]

This subliminal quality sets the story apart. Critics have been responding favorably to "The Chrysanthemums" ever since Steinbeck composed it. Carol Henning Steinbeck, the author's first wife and perhaps most incisive critic of this period, said it was "the best of all [his] stories." Brian Barbour has praised it as Steinbeck's "most artistically successful story." Jackson J. Benson and Louis Owens consider the tale his "finest"; Roy S. Simmonds characterizes it as "one flowing surge of creativity." And Mordecai Marcus calls "The Chrysanthemums" "one of the world's great short stories."[3]

While its subtleties are difficult, if not impossible, to capture in retelling, "The Chrysanthemums" can be summarized as follows: One December afternoon on the Allen Ranch, a "greyflannel fog" seals the Salinas Valley like a "closed pot."[4] Elisa Allen, a vigorous woman of thirty-five, works in her fenced garden powerfully cutting down chrysanthemum stalks. Her husband, Henry, having just sold thirty head of cattle, appears and suggests they dine out that evening. When Henry returns to the fields, a rickety wagon drawn by a horse and burro wobbles toward the house.

The big, bearded driver introduces himself to Elisa as a pot mender. Although Elisa three times declines his services, she warms to him when he expresses interest in her chrysanthemums. He tells her that a lady on his route wants some chrysanthemums, and Elisa excitedly prepares several sprouts in a red pot. As she talks with the tinker, Elisa becomes empassioned and reaches toward his leg, almost touching it. Then she scurries behind the house to find two old, dented saucepans, which he repairs for fifty cents. After the tinker departs, the exuberant Elisa bathes, exults in her naked body before a mirror, and dresses for dinner. When Henry returns and marvels at how strong she looks, Elisa confides that she never before knew how strong. As they leave for dinner in their car, Elisa spots the chrysanthemum sprouts she had given the tinker lying in the road. He has thrown them away and kept the red pot. She begins to cry, but hides her tears from Henry.

Since "The Chrysanthemums" is arguably Steinbeck's finest short story, Simmonds notes that a "small critical industry has grown up around [it]." Benson believes that many critics have addressed themselves to this enduring tale because, "like most outstanding stories, 'The Chrysanthemums' can be taken a number of different ways." Despite variant interpretations of the story, one theme critics keep coming back to is frustration, stemming from the protagonist's unfulfilled or thwarted desires. Critics have differed, however, on the specific source of Elisa Allen's frustration. Richard Astro, Robert M Benton, and Elizabeth McMahan suggest a poor marriage as its source. Brian Barbour and William V. Miller blame a combination of ambiguous spiritual and sexual problems. Warren French argues that Elisa's behavior reflects sublimated "maternal instincts"; and, similarly, Mordecai Marcus says that she longs to bear children (a notion refuted by McMahan). Benson sees in her a woman trying to find a creative, significant role in a male-dominated society; Charles A. Sweet calls her the "embryonic feminist." And finally, John H. Timmerman finds in Elisa the artist's frustration with an unappreciative society. What all these readings have in common is that they suggest, in Owens's words, the "repression of powerful human impulses," which leads, as we have seen, to frustration.[5)]

Central to almost any reading of the story is the protagonist, Elisa Allen, whom Joseph Warren Beach calls "one of the most delicious characters ever transferred from life to the pages of a book." Elisa is a Steinbeck "strong woman." According to Marilyn H. Mitchell, such strong women have "a strength of will usually identified" with men, as well as an "ambiguous combination of traditionally masculine and feminine traits."[6] Elisa is in her prime — strong, talented, energetic, eager, a well-meaning but unexciting cattleman, and has no creative outlets beyond the confines of her house and garden. And since Henry Allen, a traditional male, is the couple's sole breadwinner, Elisa's contribution to their material comfort and well-being is seemingly undervalued by herself, if not by her husband.

According to Benson, Steinbeck probably based the character of Elisa Allen on his own first wife, Carol Henning Steinbeck. Like Elisa, Carol was a woman of considerable talent and energy who wore "masculine clothes" and was "strong, large-boned" and "handsome rather than pretty." At the time "The Chrysanthemums" was composed, the Steinbeck's (like the Allen's) had no children. Although when she first met John Steinbeck, Carol was training for a career in advertising, after their marriage she took a series of temporary jobs as they moved from place to place. Benson says that "The Chrysanthemums" "indicates very strongly that Steinbeck was aware of and sympathetic to" forces frustrating his wife.[7] Basing his reading of the story on these biographical insights, Benson concludes: "Of the forces aligned against Elisa's freedom to be what she is capable of being, perhaps the most subtly destructive are, on the other hand, the basic understandings held by society of a woman's presumed limitations — a force that seems to permeate the atmosphere of the story — and, on the other hand, the misguided sympathy and kindness offered by the husband. It is the latter that is so terribly defeating — what is the feminine equivalent of 'emasculating'?"[8]

Evidence in the story suggests that Elisa, reflecting Carol Henning Steinbeck, is talented and energetic — as well as frustrated. She cuts her chrysanthemum stalks with excessive energy; "her work with the scissors [is] over-eager, over-powerful." The stalks seem "too small and easy for her energy" (10). She has "strong," "terrier fingers," which destroy pests "before they get started." Even her gardening clothes suggest power: "heavy leather gloves," "clod-hopper shoes," "a man's black hat," and "a big corduroy apron with four big pockets" to hold gardening tools (10). Nearby behind the garden we see Elisa's "neat white farm house with red geraniums close-banked around it." The house looks "hard-swept" with "hard-polished windows, and a clean mud-mat on the front steps" (10). Everything about both the house and garden is orderly and immaculate — giving us clues as to how she spends her time.

We can also surmise that Elisa's marriage neither fills her time or fulfills her desires. That she and Henry have less than complete rapport is evident from their first meeting in the story when Elisa "start[s]" at the sound of her husband's voice (11). And later, after she bathes and dresses for dinner, Elisa must "set herself" for his arrival; "she [stiffens] and her face [grows] tight" (21). There is an unnatural or estranged quality to their relationship, so that at times they seem to be speaking different languages. When Henry puts on his "joking tone" and invites her to the fights in Salinas, for instance, Elisa takes him seriously, answering "breathlessly . . . 'No, I wouldn't like to go'" (12). For his part, Henry is "bewildered" by his wife's exuberance after her meeting with the tinker and then "complain[s]" when her spirits sink at story's end (21, 23). He seems to have little understanding of her sensitive emotions.

While Steinbeck describes Elisa Allen with loving detail, he neglects to offer even a brief description of her husband. Henry Allen, a stereotypical rancher and husband, actually needs little introduction. A static, stock figure, he provides essential information about Elisa and acts as a measure of changes in her behavior. At the story's beginning, for example, he notes her unique talents as a gardener. "'You've got a gift with things.' Henry observed. 'Some of those yellow chrysanthemums you had this year were ten inches across'" (11). Henry also helps us to chart the rise and fall of her spirits. After Elisa's encounter with the tinker, Henry says to her, "you look strong enough to break a calf over your knee, happy enough to eat it like a watermelon" (21-22). But later when her spirits flag on discovering the pot mender's insincerity, Henry says, "Now you're changed again" (23). Thus, during these scenes and at other times in the story, Henry's words help to define the character of Elisa.

Henry Allen, whether from lack of interest or obtuseness, never enters the special world of his wife's garden. Yet, while Henry remains outside, restrained (like the ranch animals) by "the wire fence that protected [it] from cattle and dogs and chickens" (11), the itinerant pot mender breaches her special world after only a few minutes' conversation with Elisa. "'Come into the yard'," she exclaims, and "the man came through the picket gate" (16). Compared to Henry Allen, the tinker is, indeed, an exciting and romantic figure. A casual traveler, who "ain't in any hurry," and aims "to follow nice weather" (14), what a contrast his life provides to the fenced-in existence of Elisa. Perhaps because of his fluid style of living, he brings out Elisa's sense of her own confinement and unfulfilled desires. Although the tinker is ragged and unclean in appearance, he taps Elisa's dormant passion. When she speaks with him her "breast swell[s] passionately" and her "voice [grows] husky" (18). At the height of her desire, the impassioned Elisa erotically describes the night ("Every pointed star gets driven into your body. It's like that. Hot and sharp and — lovely") and her "hand [goes] out toward his legs" and "her hesitant fingers almost touch the cloth" of his trousers (18). Thus, although her staid husband provides a measure for Elisa's change, it is the tinker who becomes the impetus of that change.

Elisa's most abrupt transformation occurs when she discovers that the tinker has tossed away her chrysanthemum sprouts. "Far ahead on the road Elisa saw a dark speck. She knows" (22). When she spots this "dark speck," Elisa's new sense of well-being is dashed and she begins to weep. The story's carefully foreshadowed surprise ending hinges on these few words. Earlier we are given clues about the tinker's motives and his basic insincerity. After three failed attempts (using conventional persuasion) to sell Elisa his services, he finally notices her flowers. "What's them plants, ma'am?" he asks. Immediately, the "irritation and resistance melt[s] from Elisa's face" (15). By changing his tactics and feigning interest in her chrysanthemums, the manipulative fixer accomplishes his purposes — to make some money off a naive prospect. His insincerity is again underscored when Elisa reminds him before he leaves to keep the sand damp in the red pot. "Sand, ma'am. . . Sand?" he responds. "'Oh, sure. You mean around the chrysanthemums. Sure I will.' He clucked his tongue" (20).

These foreshadowings attest to Steinbeck's finely crafted plot in "The Chrysanthemums." According to Barbour, Steinbeck "succeeds in organizing this story in a way he does nowhere else."[9] The chrysanthemums themselves, the story's central symbol, provide the structural underpinning of the plot. Early in the story the chrysanthemum stalks resemble phalluses, and Elisa's "overeager" (10) snipping of them suggests castration. Then in the "rooting" bed (12) Elisa's inserting the "little crisp shoots" into open, receptive furrows of earth suggests sexual coition. Sometime later the sprouts become Elisa's children, when she explains lovingly to the pot mender how to care for them ("I'll tell you what to do" [17] ). And Elisa's full-grown chrysanthemums, which are yellow and giant (measuring "ten inches across" [11] ) may represent the fruition of her talent and energy — the beautiful blooms of her desperation. Because Steinbeck did not try (as he did in "The White Quail") to peg this symbol to a single, static idea, "The Chrysanthemums" is rich in ambiguity.

The story is rich in other ways as well. Characteristic of Steinbeck's short fiction of the 1930s, "The Chrysanthemums" contains vivid seasonal imagery, as well as colorful images of flowers, plants, and animals. The tale opens in a December "grey-flannel fog" (9), suggesting not only the lack of sunshine in winter but also the coldness and sterility of this pallid season. Cleverly suggesting the oppressive closeness of winter, Steinbeck has the fog seal the valley "like a lid" on a "closed pot" (9). This "pot" image (like the house and garden imagery discussed above) underscores Elisa's circumscribed existence. Although fog seals the Salinas Valley in greyness. the "yellow stubble fields

[seem] to be bathed in pale cold sunshine" and the "thick willow scrub · · · [flames] with sharp and positive yellow leaves" (9). These bright, sunny yellows (including Elisa's chrysanthemums) in the midst of winter suggest Elisa's hope, rekindled by the tinker, for a more fulfilling life. That the fixer represents such hope to Elisa is made clear when she whispers as she watches the tinker leave: "That's a bright direction. There's a glowing there." (20). Elisa's garden itself can also be thought of as a paradise or Eden, with Elisa as the innocent Eve who falls prey to the wiles of the deceptive tinker. The tinker dresses in (Satanic or reptilian?) black, his eyes are dark and "full of brooding" and his hands are calloused and cracked — in "every crack a black line" (13-14).

Animal imagery also abounds in the story. Ernest W. Sullivan argues that one "cannot help being struck by the repeated association of unpleasant canine characteristics with the otherwise attractive Elisa Allen."[10] For starters, Elisa has "terrier fingers" (11), as we have seen, and she crouches "low like a fawning dog" (18) before the tinker. Elisa also raises her upper lip, "showing her teeth" (19), as would an angry dog. The correspondences between the people and their dogs in the story elucidate the human characters' behavior. The two ranch shepherds and the tinker's mongrel, though Sullivan argues to the contrary, reflect their respective masters. The Allens, like their shepherds, are a distinct breed, and (despite Elisa's foiled rebellion) they live conventional, domesticated lives; the tinker and his mongrel, on the other hand, are homeless strays who wander about looking for their next meal.

One final feature of the story that deserves out attention is Steinbeck's point of view — third-person objective. This restricted point of view — in which the narrator reports events "objectively" without entering into the minds of the character — is especially important in regard to the protagonist. Much of Elisa Allen's appeal stems from the ambiguity of her actions, and that ambiguity is maintained because we can only surmise what she is thinking and feeling. Mary Teller in "The White Quail" is less interesting than Elisa precisely because Steinbeck too explicitly tells us what Mary is thinking, while Elisa remains a mystery,

"The Chrysanthemums," to summarize, is probably Steinbeck's ultimate masterpiece in short fiction. In it he illustrates the frustrating limitations placed on women (and men) by sex-stereotyped roles and by traditional attitudes about "normal" female and male behavior. The sympathetically drawn Elisa Allen ranks as the most memorable female protagonist in Steinbeck's short fiction. The story's narrative, with its carefully foreshadowed surprise ending, is his most finely wrought. And the richly suggestive symbol, Elisa's chrysanthemums, allows the story to sustain widely diverse readings. Considering these strenghts, it is no wonder that Mordecai Marcus calls "The Chrysanthemums" "one of the world's great short stories."

Notes

1) Roy S. Simmonds, "The Original Manuscripts of Steinbeck's 'The Chrysanthemums,'" *Steinbeck Quartely* 7 (Summer-Fall 1974): 104.
2) Letter to George Albee, 25 February 1934, in *A Life in Letters,* 91.
3) Ibid.; Barbour, "Steinbeck as a Story Writer," 122; Benson, *True Adventures*, 276; Owens, *Steinbeck's Re-Vision,* 113; Simmonds, "Original Manuscripts," 104; Marcus, "The Lost Dream," 54.
4) *The Long Valley* (New York: Viking Press, 1938), 9. All subsequent references to this work appear in the text.
5) Simmonds, "Original Manuscripts," 102; Benson, *True Adventures*, 276; Richard Astro, *John Steinbeck and Edward F. Ricketts: The Shaping of a Novelist* (Minneapolis: University of Minnesota Press, 1973), 116; Benton, "Steinbeck's *The Long Valley,*" in *A Study Guide to Steinbeck: A Handbook to His Major Works*, ed. Tetsumaro Hayashi (Metuchen, N.J: Soarecrow Press, 1974), 71; Elizabeth E. McMahan, "'The Chrysanthemums' Study of a Woman's Sexuality," *Modern Fiction Studies* 14 (Winter 1965-69): Barboour, "Steinbeck as a Story Writer," 122; William V. Miller, "Sexuality and Spiritual Ambiguity in 'The Chrysanthemums.'" in *A study Guide to Steinbeck's "The Long Valley,"* ed. Testumaro Hyashi (Ann Arbor, Mich.: Pierian Press, 1976), 1-10; Warren French, *John Steinbeck,* 2d rev. ed. (Boston: Twayne Publishers, 1975), 83; Marcus. "Lost Dream," 58; Charles A. Sweet, Jr., "Ms. Elisa Allen and Steinbeck's 'The Chrysanthemums,'" *Modern Fiction Studies* 20 (1974): 210-14: John H. Timmerman, *John Steinbeck's Fiction: The Aesthetics of the Road Taken* (Norman: University if Oklahoma Press, 1986), 67; Owens,

*Steinbeck's Re-vision*, 110-11.

6) Beach. *American Fiction*, 311-14; Marilyn H. Mitchell, "Steinbeck's Strong Women: Feminine Identity in the Short Stories," in *Steinbeck's Women: Essays in Criticism*, ed. Tetsumaro Hayashi, Steinbeck Monograph Series no. 9 (Muncie, Ind.: John Steinbeck Society of America, Ball State University, 1979), 27, 33.

7) Benson, *True Adventures*, 145, 275-76.

8) *Ibid.*, 276.

9) Barbour, "Steinbeck as a Story Writer," 122.

10) Ernest W, Sullivan Ⅱ. "The Cur in 'The Chrsanthemums,'" *Studies in Short Fiction* 16 (1979): 215.

# “The White Quail”: Inside the Garden

by Louis Owens

Perhaps the most unmistakable Eden in all of Steinbeck’s writing is Mary Teller’s garden in “The White Quail,” the second story in *The Long Valley*. Unlike Elisa Allen’s chrysanthemum garden, no powerful sexual current flows through Mary’s Edenic garden, for Mary has willed her garden into being as a barrier between herself and all contact with the world outside. Mary’s garden is an attempt to construct an unfallen Eden in a fallen world, a neurotic projection of Mary’s self.

Mary’s garden is cut off from the imperfections of the ordinary world of mankind by the fuchsias that wall out “the dark thickets of the hill,” thickets which to Mary represent “the world that wants to get in, all rough and tangled and unkempt”[1]. Like the garden, Mary is, as her husband Harry says, “kind of untouchable” (p. 20). Harry tells her, “You’re kind of like your own garden — fixed and just so” (p. 20). Joseph Fontenrose says, “Mary’s garden is a Platonic heaven, changeless and eternal, a cosmos inhabited only by a creator, eternally admiring his (her) handiwork.” “The hillside,” Fontenrose adds, “represents the world, including human society. That is, our cosmos is Mary‘s chaos.”[2] Our world is, in fact, the actual fallen world, and Mary’s garden is, like Elisa Allen’s, very vulnerable to intrusions from that imperfect world regardless of the barriers she has willed into being.

Mary has been called “pathological,” “narcissistic,” and even a symbol of the Romantic artist “whose sublimination of all other values to her private vision is an act ultimately destructive of them”[3] While each of these readings does provide some insight into Mary’s character, the key to this character and the story may once again be found in the theme that dominates Steinbeck’s writing during the thirties: the necessity for human commitment as a wasteland of human isolation and loneliness. Mary attempts to exclude sexuality, a vital aspect of human commitment (as was seen in "The Chrysanthemums") and a symbol of imperfection in a perfect garden, from her make-believe Eden. We learn that, as a child, Mary was warned not to taste the "marvelous candy from Italy," because "it's prettier than it's good" (p. 39). Mary strives not to taste forbidden fruit, to keep experience out of the garden of her life; to achieve this end, she locks her door against Harry: "The lock was an answer to a question, a clean, quick, decisive answer. . . . It seemed to make him ashamed when he turned the knob and found the door locked" (p. 36).

As Fontenrose has suggested, Harry is one of the "devils" in Mary's paradise, a constant threat to the carefully crafted innocence of the garden.[4] Like the threatening gray cat, Harry represents the real world that Mary cannot keep forever from her garden. When Harry deliberately shoots the white quail, he is intuitively attacking the very center of Mary's Edenic illusion, what she describes as "an essence boiled down to utter purity" (p. 38). Mary reacts angrily to Harry's suggestion that the quail is an albino with "no pigment in the feathers, something like that" (p. 41). "Albino" indicates the opposite of the perfection Mary seeks; it suggests a missing element, an incompleteness. The quail thus very accurately represents Mary's essence, for she too, like the much more diabolical Cathy of *East Eden*, lacks completeness.

Like "The Chrysanthemums," "The White Quail" is a story about human isolation. Harry's poignant cry, "I'm lonely. . . . Oh, Lord, I'm so lonely" (p. 42), echoes Elisa's predicament and Doc Burton's lament in *In Dubious Battle*. It reiterates two central themes in Steinbeck's fiction: the futility of holding to the Eden myth — even the danger of the illusion — and the necessity for commitment. To see Mary as a symbol of the isolated artist does not conflict with this reading of the story, nor does it strain the thematic structure as Brian Barbour has suggested.[5] That Steinbeck was very aware of and concerned with the role of the artist at this point in his career is obvious in his treatment of Doc in *In Dubious Battle*; that he felt that the artist must be actively committed to and a part of humanity is demonstrated by the increasingly subjective role of the author in *The Grapes of Wrath* and *East of Eden* and by the intense humanism of his Nobel speech.[6]

"The White Quail" is a weaker story than "The Chrythanthemums," and not as successful as other stories in *The Long Valley*, because Steinbeck too clearly left bare the "what" and "how" of his mechanism in this, his most mechanical Eden. Barbour is correct when he asserts that "the use of symbolism is heavyhanded, almost allegorical." He is less correct, however, when he claims that the shift in focus from Mary to the husband's frustration at the climax blurs the "force of the story."[7] While there is no resolution, no sense that either the husband or the wife grasps the complexity of their predicament the way Elisa does in "The Chrysanthemums," the story ends with a statement of the destructiveness of the Eden myth when it bars man from deep commitment to the world he inhabits, to "the one inseparable unit man plus his environment." Though Harry has brought the full force of imperfect reality to bear upon Mary's Eden the moment he has elected to kill the quail, the story ends with nothing truly changed. Though in his frustration Harry has struck at the heart of Mary's illusory garden, he finally permits her illusion to live on while taking upon himself the guilt for what he perceives to be a criminal act: "What a skunk I am . . . to kill a thing she loved so much" (p. 42). Harry is left lonely and ashamed, an exile from the unreal Eden which he has not the courage to destroy. Like "The Chrysanthemums," this story offers a portrait of an emotional wasteland without any certain hope for fructification, spiritual or physical.

Notes

1) Steinbeck, *The Long Valley* (New York: Viking Press, 1938), p.32. All subsequent references to this work appear in the text.
2) Fontenrose, *John Steinbeck: An Introduction and Interpretation. p. 63.*
3) *French, John Steinbeck,* 1st ed., p. 85; Fontenrose, *John Steinbeck: An Introduction and Interpretation.* p. 61; Arthur L. Simpson, Jr., "'The White Quail': A Portrait

of an Artist," in *A Study Guide to Steinbeck's "The Long Valley,"* ed. Hayashi, p. 77.

4) Fontenrose, *John Steinbeck: An Introduction and Interpretation*. p. 63.

5) Barbour, "Steinbeck as a Short Story Writer," p. 118.

6) See "John Steinbeck's Acceptance Speech for the Nobel Prize for Literature in 1962," in *A Casebook on "The Grapes of Wrath,"* ed. Agnes McNeill Donohue (New York: Thomas Y. Crowell, 1968), pp. 293ff.

7) Barbour, "Steinbeck as a Short Story Writer," p. 117.

# Steinbeck's "Flight": The Myth of Manhood

by Dan Vogel

In "Flight" a narrative of the Monterey country, John Steinbeck tells the story of Pepé, an immature 19-year-old who grows up in a moment when he kills a man. As a result of this murder, Pepé must flee to the desert and the hills, but he is chased relentlessly, fights thirst and gangrene, and finally is shot down. Peter Lisca has called the tale an "uncomplicated plot" which veils the theme of man's "reduction to the state of a wild animal," and his retention nevertheless of "something more than an animal." In the plot, Mr. Lisca discerns "a thread of moral allegory — the growth of a boy to manhood and the meaning of that manhood."[1)]

More than a mere allegory, "Flight" reveals characteristics of myth and tragedy. A myth is a story that tries to explain some practice, belief, institution, or natural phenomenon, and is especially associated with religious rites and beliefs. The natural phenomenon, for Steinbeck, is not the facts of nature, with which historical myths deal; rather, it is, as Mr. Lisca points out, the development of innocent childhood into disillusioned manhood. The myth that Steinbeck wrought also contains another quality of myth, the rite. The plot of "Flight" narrates symbolically the ritual: the escape from the Mother, the divestiture of the Father, and the death and burial of Childhood. To discern these mythic symbols, it is necessary to review the narrative facts.

At the beginning of the story, Pepé, though 19 years of age, has all the innocence of the "toy-baby" his mother calls him. He is called lazy, but "his mouth was as sweet as a girl's mouth"[2)]; he was perhaps

1) Peter Lisca, *The Wide World of John Steinbeck*, pp. 99-100.

2) John Steinbeck, "Flight," in *The Portable Steinbeck* (1943), p. 4. Page references in the article are to this edition.

lazy, but his most significant trait was a girlish purity. He has also the universal childish characteristic of eagerness to do things by himself, evident in the alacrity with which he goes on an errand alone into Monterey.

In these days of childish innocence, his most prized possession is his father's switchblade knife. It is an inheritance, with which he proudly plays at sticking the post, to the delight of his little brother and sister. When his rather domineering mother — who constantly taunts him with his inability to be "a man" — asks him to go to Monterey, "a revolution took place in the relaxed figure of Pepé"(p. 5). He is asked, surprisingly, to go alone; he is permitted to wear his father's hat and his father's hatband and to ride in his father's saddle. In departing, Pepé says, "You may send me often alone. I am a man." To which his mother retorts, "Thou art a foolish chicken"(pp. 6-7).

When Pepé returns, he has killed a man with his father's knife, left behind him at the scene of the crime. The look of innocence is gone; he has been shocked by a fact of life, an extreme independent act. His mother quickly understands and helps him outfit himself for the flight into the mountains. She gives him especially his father's black coat and rifle. Weighted down by the accouterments of his father, Pepé separates himself from his mother. She recognizes the change. She tells the little boy, "Pepé is a man now. He has a man's thing to do"(p. 10). Logically, however, this is not necessarily so. A man might possibly have been expected to give himself up and play for his crime. It seems to me, then, that Pepé's mother perceived that her son is entering manhood and must stand alone. This he must do.

The ordeal of transformation from innocence to experience, from purity to defilement begins. There is the physical pain of the ordeal, symbolized by a cut hand that soon becomes gangrenous. There is the psychological pain — the recognition of a strangeness in this life that is omnipresent, silent, watchful and dark — the sense of Evil, or Tragedy, or Retribution. This realization is symbolized by the narratively gratuitous, unrealistic presence of the black figures, the "dark watchers" who are seen for a moment on the tops of ridges and then disappear. "No one knew who the watchers were," Steinbeck tells us, "nor where they lived, but it was better to ignore them and never to show interest in them. They did not bother one who stayed on the trail and minded his own business"(pp. 14-15). They are not the posse, who are physical figures behind Pepé with horses and guns and dogs. These are the silent inscrutable watchers from above, the universal Nemesis, and recognition of which signals a further step into manhood.

Pepé meets wild animals face to face, but they are quiescent and harmless. They seem to recognize a fellow creature who also lives for a moment in a wilderness, they in the throes of an instinctive existence, he in the playing out of an inevitable phenomenon. He is no danger to them.

Clambering over rocks, staggering across sunbaked flats, fleeing before sounds and shapes, Pepé forgets his father's hat; his father's horse is shot out from under him and his father's saddle is now useless; he divests himself of his father's coat because it pains his swollen, gangrenous arm; and in his pain he leaves his father's rifle on the trail behind him.

Only now, having been separated from his mother and having cleansed himself of all the accouterments and artifacts of his father, can the youth stand alone. But to Steinbeck this is far from a joyous of victorious occasion. It is sad and painful and tragic. Pepé rises to his feet, "black against the morning sky" (p. 25), astride a ridge. He is a perfect target and the narrative ends with the man against the sky shot down. The body rolls down the hillside, creating a little avalanche, which follows him in his descent and covers up his head. Thus innocence is killed and buried in the moment that Man stands alone.

Thus the myth ends, as so many myths do, with violence and melodrama. What the myth described is the natural miracle of entering manhood. When serenity of childhood is lost, there is pain and misery. Yet there is nevertheless a sense of gain and heroism which are more interesting and dramatic. It is a story that has fascinated many from Wordsworth to Hemingway, and what Steinbeck has written is a myth that describes in symbols what has happened to each of us.

# "The Snake" and Its Anomalous Nature

by Robert M. Benton

Although it provides Steinbeck's first fictional characterization of Ed Ricketts, "The Snake" has often been treated as if it were out of context in *The Long Valley*. Those who choose to discuss the narrative have suggested a variety of interpretations, and many pass over it quickly, preferring to concentrate on the more widely acclaimed stories set in the Salinas Valley. In "About Ed Ricketts," Steinbeck's tribute that serves as a preface to *The Log from the Sea of Cortez*, he describes the actual event upon which "The Snake" was based. Steinbeck calls it one of those frequent mysteries that occurred in Ricketts's laboratory, and he says, "What happened or why I have no idea."[1)]

Perhaps because of its ambiguous nature, "The Snake" was rejected by several publishers, but the *Monterey Beacon* did publish it in June 1935, when Steinbeck was beginning to get critical attention. He continued to be interested in the story, including it in *The Long Valley*, where it remains often lost between "Flight" and the fragment "Breakfast." Readers may not grasp its meaning, but few ever forget it.

Apparently, Steinbeck's knowledge of the event was not based on Ricketts's account alone. Richard Astro notes that Webster Street was also in Ricketts's lab when the incident occurred, and he quotes Street's account of the event and what Ricketts had in the lab:

> · · · two big rattlesnakes in a cage in the lab, and he had a bunch of white rats running around. He went in and got a white rat and put it in the cage. A girl who was one of the dancers from a local vaudeville team that was passing through Monterey was there. She was just fascinated by the whole thing, but she didn't say a word. The little rat went in there, and the snake waited and pierced the rat behind the ear. The snake pulled back and the fang caught and

> pulled him over to one side. The rat ran around for a little while, unconscious of the fact that he was mortally wounded, and he finally died, and the snake took him. The girl never said a word, and when it was over, she just got up and left and we never saw her again.[2]

Astro says that Street confirmed that the sexual implications were added by Steinbeck, "which you could not help doing if you had seen that girl."[3]

Steinbeck begins the story by introducing the "young" Dr. Phillips who enters his commercial lab with a sack of recently collected starfish. Phillips is presented as the typical biologist in every particular; his lab has cages of rats, cats, and rattlesnakes, and he has the "eyes of one who looks through a microscope a great deal."[4]

After depositing the starfish, Phillips proceeds with his normal daily routines — grain into troughs to feed the rats, milk for the cats. Then he lifts "a big rangy alley tabby" out of the cage, pets it, drops it into a box, "closed the lid and bolted it and then turned on a petcock which admitted gas into the killing chamber" (p. 48). He is cooly matter-of-fact. Killing is a routine he performs as dispassionately as pouring grain into a feeding trough.

Phillips then feeds himself, boiling water to heat a can of beans and eating rapidly so that he can get back to his work with the starfish. Nothing will interrupt him now, not care for his animals nor his own gnawing stomach. He is interrupted by a knock, however, causing him momentary "annoyance." Opening the door, Phillips is confronted by a "larger than life" symbol:

> A tall, lean woman stood in the doorway. She was dressed in a severe dark suit — her straight black hair, growing low on a flat forehead, was mussed as though the wind had been blowing it. Her black eyes glittered in the strong light.
>
> She spoke in a soft throaty voice, "May I come in? I want to talk to you." (p. 49)

Although Phillips tells her he is too busy to be disturbed, he moves aside to grant her entry, explaining that he has started the "process" and must stay with it for a few minutes.

> He began his little patter of explanation. "When starfish are sexually mature they release sperm and ova when they are exposed at low tide. By choosing mature specimens and taking them out of the water, I give them a condition of low tide. Now I've mixed the sperm and eggs. Now I put some of the mixure in each one of these ten watch glasses. In ten minutes I will kill those in the first glass with menthol, twenty minutes later I will kill the second group and then a new group every twenty minutes. Then I will have arrested the process in stages, and I will mount the series on microscope slides for biologic study." He paused. "Would you like to look at this first group under the microscope?" (p. 49)

She declines.

The woman's lack of interest in the scientific process irritates Phillips, and "a desire to arouse her grew in him" (p. 50). Who can read Steinbeck's drscription of this mystery woman, Phillips's explanation of the sexual processes of starfish, and his almost immediate "desire to arouse her" without believing that a significat sexual event will soon take place?

The woman remains uninterested in Phillips's work, and he thinks to himself, "Low metabolic rate, almost as low as a frog's, from the looks" (p. 50). Again the desire to shock her out of her reptilian emptiness fills Phillips. Purposefully, he takes the limp, dead cat out of the killing chamber, but she is unmoved.

Phillips then begins embalming the cat in front of her. No reaction. "Her dark eyes seemed veiled with dust" (p. 50). The more he attempts to produce revulsion or shock in his visitor, the more she seems to retreat inside herself. Gradually, Phillips realizes that the only reaction occurring is the one he is experiencing, and Steinbeck's description dramatizes Phillips's ever-increasing apprehension. The rats that had "scampered up and down the wire" of their cages when Phillips first entered the lab now only "climbed about" on the wire, squeaking "softly."

The waves that had "washed quietly about the piles" under the lab and later "washed with little sighs" begin to "beat with little shocks on the piles," and Phillips chills (p. 51).

When Phillips turns his attention to his visitor again, she only gradually comes out of what seems to be a state of torpor, as "her dark dusky eyes moved about the room and then came back to him. 'You have snakes? · · · Have you a male snake, a male rattlsnake?'" (p. 51). Phillips says he does, explaining that one morning he found a big snake "in coition with a smaller one" (p. 51). Again his response to his visitor is an explicitly sexual one.

Steinbeck orders the narrative to heighten the progressively increasing nervousness Phillips experiences. When the woman asks to buy the snake and shows that she is serious, Phillips attempts to warn her of the danger. She quickly explains her plan:

> She looked at him for a moment. "I don't intend to take him. I want to leave him here, but — I want him to be mine. I want to come here and look at him and feed him and to know he's mine." She opened a little purse and took out a five-dollar bill. "Here! Now he is mine." (p. 52)

Stunned by her revelations, Phillips retreats to his starfish process, three minutes late, while his visitor remains captivated by the snake. When he rejoins her and she asks to feed the snake, anger begins to grow in Phillips: "He hated people who made sport of natural processes. He was not a sportsman but a biologist. He could kill a thousand animals for knowledge, but not an insect for pleasure" (p. 53). This final statement, a variation of which Steinbeck used to describe Doc in *Cannery Row*, emphasizes Phillips's scientific orientation and explains his growing anger.

Suddenly, the woman who has become so totally absorbed in the snake opens the cage and reaches in to remove the rattler to another cage for feeding. Phillips reacts immediately and pulls her away, but then he begins to act as if he were the one caged. He senses that he is about to become involved in something wrong, something "deeply sinful," and it revolts him. Reasoning out loud, but talking primarily to himself, Phillips attempts to explain the woman's motivation as if it were a simple interest in seeing the snake fed:

> "It's a good thing to see," he said. "It shows you how a snake can work. It makes you have a respect for a rattlesnake. Then, too, lots of people have dreams about the terror of snakes making a kill. I think because it is a subjective rat. The person is the rat. Once you see it the whole matter is objective. The rat is only a rat and the terror is removed." (p. 53).

Phillips proceeds to let her see the snake fed for whatever personal nightmares she needs to still.

Managing to get the snake into a feeding cage, Phillips is still reluctant to feed it when the woman commands, "Put in a rat" (p. 54). As he tries to decide which rat to pick for her sport, his anger boils over in a jumble of sarcastic comments, but she refuses to be dissuaded. "Put in a rat" (p. 54), she repeats, and he does.

The remainder of the story is almost anticlimatic. The snake's stalking and killing its prey are described in specific detail while Philips narrates a clinical description of the action. He looks at the woman and sees her physically duplicating the snake's movements: first with a body crouch, later a slight weaving, and finally relaxation following the kill. It is almost more than Phillips can take, but the woman is determined to see the snake devour the kill, and Phillips turns away. "He thought, 'If she's opening her mouth, I'll be sick. I'll be afraid'" (p. 56).

As the snake swallows the rat, Phillips returns to his starfish, sees his process is ruined, and dumps the starfish back into the sea. The woman promises to return to feed the snake, and possibly take him with her, then leaves Phillips "to comb out his thoughts" (p. 57). He tries to understand the evening according to what he had read concerning psychological sex symbols, but he cannot, and all Steinbeck tells the reader is that Dr. Phillips never saw his evening visitor again.

"The Snake" is, itself, simply the description of a moment. It is not, like "Flight," a narrative in which the author purposefully withholds some parts of the story in order to focus the reader's attention. In "The Snake" the reader is presented the opposite approach:

> A given action · · · may be made longer in the telling by expanding its parts, or shorter by contracting. What this implies is that, of all the things which actually "occur" or are present in a given scene — such as spoken dialogue, interior soliloquy, gesture, physical movement, clothing, and background setting — he may unfold them step by step or he may sum them up and mention only the high points · · · The expanded scale tries to give the illusion that the whole thing is being shown directly and in detail even as it happens.[5)]

Because Steinbeck has used "the expanded scale" so effectively, many readers share Phillips's reactions and believe that the major emphasis in the story is the comparison of the woman and the snake. Obviously, this leads readers to attempt to find meaning, or at least explanation, for the woman's behavior. Hilton Anderson, for instance, points to the recurrent imagery of the snake in Stenbeck's fiction and notes that it is "the same animal that caused the death of Pepé's father and the downfall of mankind — the snake."[6)] This reasoning leads Anderson to claim that Steinbeck has given such stories a religious significance.

Other readers, who more correctly see that Steinbeck is intent on focusing the reader's attention on Phillips's reactions rather than the woman or the snake, often treat "The Snake" as the first fictional treatment of Ed Ricketts. This leads them to concentrate on those aspects of Phillips's character that are more fully developed in the "Doc" of *Cannery Row* and *Sweet Thursday*. Louis Owens follows such a procedure: "'The Snake' establishes and defines the 'Doc' character in Steinbeck's fiction, with strengths and weaknesses that would remain little changed for three novels and two decades."[7)]

Owens identifies Phillips with the rat that the snake kills and devours. In such a reading the snake represents both evil and rebirth because in the snake "are merged symbols of death and resurrection, just as the rattlesnake venom collected by the scientist may kill or, if used correctly, cure."[8] It remains difficult to determine whether or not Steinbeck intended such a mythic interpretation for the story as Owens suggests.

It does seem clear that Steinbeck intended to present an event that "rattled" the detached, objective, scientific intentions of the biologist when he was confronted with the unknown. Clearly, as Warren French has observed, "Steinbeck's sympathy lies not with those who give free rein to irrational drives, but those who seek knowledge of the world they live in," and he shows an "awareness that one's attitudes can be simultaneously scientific and emotional."[9]

Although it is critically interesting to view Dr. Phillips as an early version of the later "Docs," it is important to be reminded that those subsequent characterizations did not exist when Steinbeck wrote "The Snake." Analysis of this work must rest on the work alone. It is not difficult to imagine that Steinbeck's interest in the event was based primarily on Ed Ricketts's inability to explain the reactions of the woman in the lab. Steinbeck's use of the event as the basis for his story may have been his attempt to provide just such an explanation. If so, his explanation is not focused on the meaning of the woman's identification with the snake but on the reaction of the biologist.

Much of the power of Steinbeck's fiction is achieved through his use of biological analogies and insights. His lengthy and intense discussions with Ricketts, especially those relating to the concepts of "non-teleology," are widely known, and it is evident that they often disagreed. What an opportunity Steinbeck had when such an approach did not provide the insight into human behavior Ricketts sought!

Appropriating one of the mysteries from Ricketts's lab as the basis for a story, Steinbeck embellished it with images that suggested possible interpretations of the event. Once the story is told, however, the mystery still remains. Despite Phillips's determination to function dispassionately, he cannot. The focus of the story is predominantly on the reaction of the scientist, and the power of "The Snake" rests on its presentation of human vulnerability when confronted with the unknowable.

## Notes

1) John Steinbeck, "About Ed Ricketts," *The Log from the Sea of Cortez* (New York: Vikng Press, 1962), p. xxiv.
2) Richard Astro, *John Steinbeck and Edward F. Ricketts: The Shaping of a Novelist* (Minneapolis: University of Minnesota Press, 1973), p.113, quoting Webster Street's "John Steinbeck: A Reminscence," pp. 39-40.
3) *Ibid.*
4) John Steinbeck, "The Snake," *The Long Valley* (New York: Bantam Books, 1976), p. 47. Subsequent quotations from this work will be noted by page number in parentheses after the quotations in the text.
5) Norman Friedman, "What Makes a Short Story Short?" *Modern Fiction Studies*, 4 (Summer 1958), 114.
6) Hilton Anderson, "Steinbeck's 'Flight'," *Explicator*, 27 (October 1969), Item 12.
7) Louis Owens, *John Steinbeck's Re-Vision of America* (Athens: University of Georgia Press, 1985), p. 161.
8) *Ibid.*, pp. 162-63.
9) Warren French, *John Steinbeck* (New Haven: College and University Press, 1961), p. 82.

# ...st": The Warm Feeling of Sunken Memory

by John H. Timmerman

Commonly considered a fragment, and lacking any specific plot, the short sketch "breakfast," like "The Snake," provides an interesting experiment in point of view. This sketch also seems outwardly to present a nonteleological rendition of an event but is colored by the narrator's attitude toward that event.

The composition of the story is indeterminate, but can very likely be dated from the summer of 1934. As we will consider more closely in the discussion of "The Raid," Steinbeck had begun meeting with a farm — labor leader named Cicil McKiddy in early 1934. As his interest in the labor movement grew during 1934, Steinbeck found his artistic attention drawn toward the story of strikers that is central to "The Raid" and *In Dubious Battle*. During the summer of 1934, he began walking out into the fields to talk to the laborers and to absorb the sounds, sights, and smells that nurture an artist's creativity by firsthand experience. It is likely that the short sketch derives from one such actual morning of observed experience, a sudden impression captured by the imagination and rendered in words as realistically, as photographically, as possible. Despite its brevity, it is a moving portrait.

A laborer, the narrator, wanders through the camp at dawn, acutely aware of the interplay of light. The story has two foci: the light washing over the camp and the preparation for breakfast in one tent. The sketch opens in the "very early" morning, with the light faintly coloring the "black — blue eastern mountains." Colors shift as the sun rises — from black — blue, to gray, to lavender-gray. In one tent "a flash of orange fire" seeps through a rusty stove. The light of the rising sun meets the light in the tent and they coalesce.

There a woman prepares breakfast, cradling her infant while cooking bacon and baking biscuits. Two men emerge, wearing newly purchased dungarees because they have had twelve days of work, and invite the narrator to breakfast with them. As they eat, the colors continue their shift into morning, turning now to a "reddish gleam." By the time they finish eating, "The two men faced the east and their faces were lighted by the dawn, and I looked up for a moment and saw the image of the mountain and the light coming over it reflected in the older man's eyes"(*The Long Valley*, p. 88). The two laborers walk away into air "blazing with the light at the eastern skyline."

The pattern of color change with the rising light of the sun is accompanied by temperature changes. The air "was cold, not painfully so, but cold enough so that I rubbed my hands and shoved them deep into my pockets, and I hunched my shoulders up and scuffled my feet on the ground" (*Ibid*., p. 85). Comming to the tent stove, the narrator recalls, "I came near to the stove and stretched my hands out to it and shivered all over when the warmth struck me" (*Ibid*., p. 86). The men sip the "hot bitter coffee." The light of the sun is so clean that it makes the air seem colder, but the small group finds a circle of warmth around the shared meal.

The warmth also becomes a part of the narrator's perception and tells the reader how to view the scene. This is not a miserably wretched crew afflicted with cold. Indeed, the warm generosity is the thing of beauty that made the scene worth recollecting. The narrator tells us at the outset that this is a pleasurable recollection: "This thing fills me with pleasure. I don't know why, I can see it in the smallest detail. I find myself detail out of sunken memory, remembering brings the curious warm pleasure" (*Ibid*., p. 85).

By virtue of the narrator's attitude toward the event, we have a theme. if little plot. Clearly, this ready sharing of a few moments together and a bit if food creates a warmth of human kinship. It captures in a few pages, and points ahead to, the majestic theme of "the fambly" of man elucidated over hundreds of pages in *The Grapes of Wrath*. The girl who serves breakfast, her infant tucked in her arm, is also a type of Rose of Sharon.

...ketch was written during preparation for *In Dubious Battle*, ...ppeared in revised form in chapter 22 of The Grapes of Wrat ...hough the revision is necessarily quite extensive in order to adapt ...sketch to a larger plot, the adaptation is revealing of the narratively ...nplied theme of "Breakfast." By evoking a "sunken memory" in the sketch, the narrator also evokes his attitude toward the event and directs the reader in how to perceive the significance of that event.

While "Flight," "The Snake," and "Breakfast" are quite different thematically, their variations in use of narrative point of view demonstrate Steinbeck's growing skill and sureness as a craftsman. These three stories are as "The Chrysanthemums," "The White Quail," and "The Harness" are for his thematic craft.

1) See Robert M. Benton, "'Breakfast' I and II," in Hayashi, *Study Guide*, pp. 33-38, for a detailed comparison of the original sketch and its incorporation into *The Grapes of Wrath*.

편주자

**최한용**

조선대학교 영어교육과 졸업
충남대학교 대학원 졸업(문학박사)
미국 Indiana University 객원교수
조선대학교 영자신문사 주간
조선대학교 출판국장
조선대학교 대학원장보
조선대학교 언어교육원장
조선대학교 교무처장

현재 조선대학교 인문대 교수
조선대학교 생활협동조합 이사장

저서 『영미단편소설의 이해 I』
편저 *Understanding Short Stories*
Steinbeck's Of *Mice and Men*
Steinbeck's Short Stories
역저 『소설원론』(Robert Stanton, *An Introduction to Fiction*)
편역 스타인벡 단편선
논문 "*A Passage to India*: 갈등과 화해"
"*The Power and the Glory*: Whisky Priest의 사랑의 구현"
"The Ending of *The Grapes of Wrath*: Aesthetics of Shock"
"John Steinbeck의 소설에 나타난 American Dream의 주제"
"스타인벡의 '뱀': 두 세계의 대립과 상징" 외 다수



**The Red Pony & Other Stories**
WITH ESSAYS IN CRITICISM

1판 1쇄 발행 _ 2012년 7월 30일

**편 주 자** • 최 한 용
**발 행 인** • 정 현 걸
**발　　행** • 신 아 사
**인　　쇄** • 예지인쇄
**출판등록** • 1956년 1월 5일 (제9-52호)
**주　　소** • 서울특별시 은평구 녹번동 28-36번지 2F
**전　　화** • 02)382-6411 • 팩스 02)382-6401
**홈페이지** • www.shinasa.co.kr
**E-MAIL** • shinasa@chol.com

ISBN 978-89-8396-774-9 (93840)

**정가** *10,000* **원**